사람을
끌어당기는

자기
긍정의
힘

자신과의 관계가 좋은 사람이 타인과도 좋은 관계를 유지한다

사람을 끌어당기는

"자기긍정을
했더니 주변에
좋은 사람들이
모여들기
시작했어요."

"깊은 울림이
있는 책, 읽고
나서 펑펑
울었습니다."

good

자기

ok

긍정의

"죽고 싶을 정도로
힘들었던 직장생활이
즐거워지다니
놀라워요!"

힘

"이 책을 읽고
부모님을 향한 증오를
조금씩 내려놓게
되었습니다."

가토 다카유키 지음
이정은 옮김

푸른향기
Prunsok Publishing Co.

회사 가기 싫어 이불속에서 울던 내가

"다시는 회사에 가고 싶지 않아…."

"더는 못하겠어, 힘들어…. 고통 그 자체야…."

어느 날 아침, 나는 이불속에서 꺼이꺼이 울고 말았다.

솔직히 말하자면('아내의 말에 따르면' 그랬다. 사실 당시 상황을 나는 정확히 기억하지 못한다.) 그날 이후로 나는 회사에 가지 못했다. 20년에 걸친 회사생활 동안 세 번이나 휴직하게 되었다.

병약하고 잔뜩 움츠러든 자신을 어떻게든 일으켜 세워서 서점에 진열된 수많은 비즈니스서와 자기계발서를 읽었다. 『정신력이 강해지는 책』, 『상사와 부하를 다루는 기술』, 『효율적인 업무 기술』 등 여러 책을 읽고 실천해봤지만, 효과는 일시적일 뿐, 다

사람을 끌어당기는
자기긍정의 힘

시 원점으로 돌아오고 말았다.

아무리 노력해도 상황은 바뀌지 않았다. 내 어디가 잘못되었는지, 무엇이 안 되는지, 부족한 점을 찾아서 개선하며 하루하루를 보냈다. 마차를 끄는 말처럼 자신을 채찍질하며 질주하는, 이 끝없는 레이스에 숨이 막힐 지경이었다.

그러던 어느 날 '어떤 것'에 눈을 뜨면서 나를 둘러싼 세상이 점차 바뀌기 시작했다.

고통스럽기만 했던 업무가 원활해지고, 대하기 어려웠던 상사며 적대시하던 동료와의 관계가 호전되었다. 부하직원이나 스태프들과도 즐겁게 대화할 수 있게 되었으며, 어느새 직장에서 누군가를 적대시할 필요가 사라졌다.

이제는 회사를 '졸업'하고 심리상담을 받던 위치에서 상담해주는 위치로 바뀌어 지금에 이르렀다.

이렇게 나의 세상을 바꿔준 '어떤 것'은 바로 '자기긍정감'이었다.

심리상담에서 나는 주로 '인간관계의 고민'을 다룬다. 직장에서의 인간관계를 시작으로 부모와 자녀 사이, 부부 사이, 친구 사이 등 다양한 분야에서 상담을 요청받는데, 문제 대부분이 내담자의 '자기긍정감 부족'에 기인한다. 심리상담 현장에서는 자기긍정감이 얼마나 소중하며 어떻게 키워나가야 하는지를 전달하고 있다. 그 결과 많은 내담자가 미소를 짓게 되었다.

"신기하게도 사이가 좋아졌어요, 저도 모르게 그만 '어머나~?' 하게 됩니다."(30대 여성)

"스스로 '이제 남의 시선을 신경 쓰지 말자!'라고 다짐하지 않아도 저절로 그렇게 돼요."(20대 여성)

"마음속에 있는 큰 돌덩이 하나가 쩍 하는 소리와 함께 깨지는 느낌입니다."(30대 남성)

"가토쌤은 몇십 년 동안이나 제 마음속 깊은 곳에 숨어있던 감정에도 가볍게 말을 걸어주었습니다."(40대 여성)

"'내가 바뀌어야 세상이 변한다'라고 생각은 했지만, 정말 변할 줄이야!"(50대 여성)

"그렇게 힘들었던 직장생활이 즐거워지다니, 놀랐습니다."(40대 남성)

내담자들의 이야기에서 눈치 챘듯이, 자기긍정감을 키우면 눈앞의 세상이 확 바뀐다. 이 책에서는 이러한 변화의 비결을 다루고 있다.

나는 지금 심리상담을 하고 있지만, 불과 수년 전까지만 해도 회사에서 악전고투하며 일하던 평범한 샐러리맨이었다. 그렇기에 더더욱 이 책에는 어려운 심리학적 내용을 쓰지 않았다. 누구나 이해하고 실천할 수 있는 내용으로 엄선하였다.

 이 책은 내담자들과 내가 경험한 내용을 솔직하게 공유하는 공간이다.

 즐겁게 읽고 일과 삶에서 스스로 당당해지는 자기긍정감을 키울 수 있다면 정말 기쁘겠다.

2019년 7월

심리카운슬러 가토 다카유키(가토쌤)

사람을 끌어당기는
자기긍정의 힘

제2장
안 되면 안 되는 대로 자신을 인정하라

제3장
'고정관념'은 착각이다

제4장
나를 긍정하고 상대도 긍정하는 7가지 방법

사람을 끌어당기는
자기긍정의 힘

제5장
'불편한 사람'과 마주하는 법

제6장

당신은 사랑받기 충분한 사람입니다

나는 인간관계가
왜 이렇게 힘들까?

직장 내 고민 중 대부분은 인간관계다?

이 책을 선택한 분은 많든 적든 직장에서 받은 스트레스로 '회사에 가기 싫어!'라는 기분을 떨쳐내지 못하고 있을 것이다.

혹시 지금, 다음과 같은 문제로 고민하고 있는 분은 없는가?

- 상사의 부탁을 거절하지 못해서 업무가 산더미처럼 쌓여 죽을 지경이다. 날마다 야근과 휴일 출근에, 집까지 일거리를 들고 가는 바람에 개인적인 시간이 없다.
- 고압적인 상사를 일언반구 없이 따르는 나 자신이 한심할뿐더러 의견이 맞지 않는 동료와 걸핏하면 충돌하는 등 직장에서 잘 어울리지 못한다.
- 부하직원이 알아서 일해주면 좋으련만, 시켜야만 일하니 성가시다. 스태프들이 일하는 걸 보면 마음에 들지 않아 그만 화를 내고 만다. 자기혐오감에 빠진다.
- 직장동료나 부서원의 성공을 진심으로 축하해주고 싶지만, 격

렬한 질투심과 열등감이 앞선다.
• 타인의 평가가 신경 쓰여 진짜 모습을 드러내지 못한다. '나는 안 되나 봐'라며 언제나 자신을 원망한다.

이건 모두 예전의 나를 괴롭히던 고민들이다. 작정하고 쓰기 시작하면 책 한 권쯤 될지도 모른다.

나름대로 열심히 노력하고 있는데, 상사에게는 "내 말을 이해하지 못하네…."라는 말을 듣고, 부하직원에게는 "시키는 대로 하라고!"라며 언쟁을 벌이기 일쑤였다.

능력 없는 내 모습에 초조해하며 언제나 불안과 조급함, 불만과 분노에 시달려 스트레스가 엄청났다. 내 편이라고 할 만한 사람이 한 명도 없었고 정신을 차리고 보니 주변에는 나를 위협하는 '적'만 있는 듯했다. 그렇게 늘 혼자 싸우고 있었다.

날마다 '회사에 가기 싫어!'라는 마음에 뚜껑을 덮고 출근했고, 일요일이 되면 '월요일아, 오지 마라' 하며 우울해했다. 그야말로 '일요병'을 온몸으로 앓던 사람이었다. 인기 높은 대기업에 의기양양하게 입사하여 업무도 그럭저럭 즐거운 편이었는데, 나는 왜, 이렇게 되어 버렸을까.

후생노동성이 발표한 자료를 보면 다음과 같은 내용이 있다.

〈직장인을 괴롭히는 직장 내 스트레스 워스트 5〉

1위 인간관계 37.7%

2위 업무의 질과 양 20.8%

3위 사고와 재해 체험 12.0%

4위 역할과 지위의 변화 등 8.2%

5위 업무상 실패, 과중한 책임 발생 등 8.1%

(후생노동성 『2018년판 과로사 등 방지대책 백서』[1]를 바탕으로 필자가 작성)

직장 내 스트레스 원인은 '인간관계'가 압도적으로 1위였다.

2위인 '업무의 질과 양'도 블랙 기업[2]이 아닌 한, 상사 및 동료와 대화를 통해 적절히 조정할 수 있을지도 모른다.

4위 '역할 및 지위 변화 등', 5위 '업무상 실패, 과중한 책임 발생'과 같은 문제도 동료들과 충분한 신뢰감을 쌓고 협조하며 대화하는 등 관계성을 구축하면 스트레스가 줄어들지도 모른다.

이렇게 살펴보면 직장 내 스트레스와 고민 대부분은 '인간관계'가 문제, 라는 것을 알게 될 것이다.

---

1 『平成30年版過労死等防止対策白書』
2 일본에서 위법적 노동 착취를 일삼는 기업을 지칭하는 말.

소통을 잘하는 사람은 뭐가 다르지?

'힘드니까 일이다!' '회사란 버거운 곳이다'라고 생각하는가? 그래서 나도 '당연히 참고 버텨야지' 하는 마음으로 살아왔다. 일하면 보람도 있고 즐겁지만, 동시에 고통도 따르는 법이다. 당연하다고 생각하면서도 '이렇게 인간관계가 힘들고 고통스럽고 불편하다면 뭔가 잘못된 거야'라는 생각이 든 건 입사하고도 꽤 시간이 지난 11년 차, 두 번째 휴직했던 때였다.

뭔가 이상하다고 느낀 나는 소통능력이 뛰어나고 가뿐하게 일을 해치우는 동료와 상사를 붙잡고는 요령이 있는지 하나둘씩 물어보기 시작했다.

하지만 그들은 "너무 성실해서 그래!" "마음을 편하게 가지면 되잖아?"라는 등 애매한 대답만 내놓았다. 너무나 뻔한 대답만 들으니, 다들 뭔가 굉장한 성공법칙을 알고 있는데 숨기고 말해주지 않는 게 아닐까 하는 의심이 들 정도였다.

사람을 끌어당기는
자기긍정의 힘

하지만 여러 사람에게 물어보고 나서 한 가지 공통점을 찾아냈다. 각자 하는 말은 달라도 질문을 받은 사람 모두 "내가 이렇게 생각하니까, 그거면 충분해"라는 생각을 품고 있더라는 점이다.

즉 '자기 자신에게 OK 하라'는 것이었다.

이시다 씨가 가르쳐준 자신감의 비결

한때 나는 오십 대 초반의 이시다 씨(가명) 밑에서 일한 적이 있다.

이시다 씨는 행동력도 있고 성과도 뛰어나며, 고객들과의 신뢰도 두터워서 모두에게 존경받았다. 비록 업무기술은 전혀 없었지만, 한마디로 그릇이 큰 '형님'과 같은 존재였다.

어느 날, 그와 함께 식사할 때였다.

"어떻게 하면 사람들과 원만하게 지낼 수 있을까요?"
"이시다 씨는 어쩜 그렇게 자신만만하세요?"
"제가 모르는 성공법칙이라도 숨기고 있는 거 아니세요?"
나는 쉴 새 없이 질문을 던졌다.

"그런 생각은 한 적도 없네. 그럼, 자네는 왜 자신이 없는 거지?"
"경험도 없고, 인망도 없고, 기술도 아직 멀었고, 아시다시피

사람을 끌어당기는
자기긍정의 힘

건강한 편도 아니라서요…."

"하하하, 기술이라면 나도 없네만. 공부도 못해서 학력도 초라하지. 거기다 난 머리숱도 없지(웃음). 자네가 훨씬 많이 갖고 있잖은가. 심지어 난 협심증약을 가지고 다니는 병자라네."

이시다 씨는 환하게 웃으며 늘 목에 걸고 다니는 나이트로글리세린이 들어있는 로켓 모양의 펜던트를 보여주었다.

"그러면 질병으로 고생하셔서 그렇게 자신감을 갖게 되셨군요."

내가 이렇게 말하자, 다음과 같은 대답이 돌아왔다.

"자네, 어렸을 적부터 줄곧 병으로 고생해왔다지? 그럼 나보다 자네가 훨씬 자신만만해도 되는 것 아닌가. 질병이 있든 없든 상관없다네. 뭐든 괜찮으니 자신을 갖게!"

당시에는 어리둥절하여 무슨 소리인지 이해하지 못했다. 하지만 지금 돌이켜보니 그분의 말에 굉장한 실마리가 있었다.

그 후로 심리상담사가 되어 여러 내담자들을 만나본 지금은 이시다 씨나 동료들이 했던 말을 충분히 이해하게 되었다. 그들은 저절로 익혔기에 정확히 표현하지 못했던 것이다. 철이 들었을 때부터 인간관계가 원만하지 못하여 수없이 많은 시행착오 속에서 타인과 마주해온 나는 정확히 말로 표현할 수 있게 되었다.

그들은 '근거는 없지만, 자신 있게 자기를 긍정하기'가 가능했다. 즉, '자신과의 관계'가 좋았던 것이다. 그래서 『사람을 끌어당기는 자기긍정의 힘』을 책의 제목으로 정하게 되었다.

자기긍정감을 키우면, 반드시 직장 내 인간관계가 좋아진다.

그러면 "상대는 가만있는데 나만 변한들 무슨 의미가 있습니까?" 하고 반문하는 분도 있을 것이다. 또 "난 자기긍정감이 낮다!"라고 생각하는 분도 있을 거라 생각한다. 과거의 나도 똑같았다. 이런 분들께 들려드리고 싶은 이야기가 있다.

이 책에서는 어떻게 해도 직장 내 인간관계가 원만하지 못했던 내가 시행착오 끝에 찾아낸 '자기긍정감이 높은 사람이 인간관계가 원만한 이유'와 누구나 할 수 있는 '자기긍정감 키우기'에 대해서 이야기하려고 한다.

인간관계 고민은 자기긍정감으로 해결된다.

업무를 거절하지 못해서
야근하고 휴일에도 출근한다.

사람들과 자주 충돌한다.

언제나 상사에게
괴롭힘을 당한다.

부하직원을 괴롭히는 건
아닐까라는 생각이 든다

동료들과 어울리지 못하는 것 같다.
동료들에게 열등감이 느껴진다.

부하직원을 잘 지도하지 못한다.
부하직원에게 호통치게 된다.

언제나 피해자

언제나 사람과 충돌

자기긍정감으로 해결!

제1장

자기긍정감이
인생을 결정한다

01
도대체 자기긍정감이 뭔데?

이제부터 인간관계가 힘겨운 당신에게 자기긍정감이 무엇이며, 왜 중요한지에 대해서 설명하고자 한다.

나에게 OK 할 수 있을까?

자기긍정감이란 이름 그대로 '자기(자신)를 긍정하는 감각'을 가리킨다. '지금의 나로 충분해' '있는 그대로의 내가 좋아!'라고 느끼는 상태이다. 지금, 이 순간 '지금의 내가 좋을 리 없잖아'라고 느낀 분도 있을 것이다.

그동안 심리상담을 통해 많은 분과 접촉한 결과, 자기긍정감이 높은 사람과 낮은 사람을 간단히 나누어 표현하면 다음과 같다.

〈자기긍정감이 높은 사람〉

자기를 좋아하며 낙관적이고 실패를 두려워하지 않는다.

자기를 소중히 여기고 타인과 비교하지 않는다.

솔직하고 잘 웃으며 자신만만하다.

〈자기긍정감이 낮은 사람〉

자신을 좋아하지 않으며, 비관적이고 반항적이며 쉽게 포기한다.

자기희생적이며 타인과 충돌하거나 비교하며 주변 시선에 예민하다.

숨기는 게 많고 열등감과 죄책감이 심하며 자신이 없다.

　자기긍정감이 높으면 "괜찮을 거야!" 하고 사물을 낙관적으로 바라보게 된다. 어떤 일이든 실패를 겁내지 않고 도전한다. 실패하더라도 일일이 남과 비교하지 않으며 "또 노력하면 되지!" 하고 실패를 원동력으로 삼아 성공의 발판을 마련한다. 또, 타인이 하는 말을 있는 그대로 받아들이므로 호감을 주며 일도 원만히 진행한다.

　반면 자기긍정감이 낮은 사람은 무슨 일이든 잘되지 않을 거라며 체념하는 경향이 있다. 안 믿길지 모르지만, '자기긍정감이 인생을 결정'한다고 해도 과언이 아니다.

　혹시 '나는 자기긍정감이 낮은 것 같다'라며 한탄하는지? 안심해도 된다고 말하고 싶다.

자기긍정감은 누구에게나 있다. 누구든 때와 장소에 따라 자기긍정감이 높아지기도 낮아지기도 한다.

지금부터라도 자기긍정감의 구조와 대처법을 알고 실천해낼수 있으면 된다. 자기긍정감이 충분하면 불안과 분노는 줄어들고 인생이 안정되며 풍요로움과 행복을 느끼게 된다.

자기긍정감의 동료들

일상생활에서 '자기긍정감'이라는 단어는 거의 사용하지 않는다. 이 책에서 처음 봤거나 들었다는 분도 있을 것이다. 자기긍정감에는 다음과 같은 동료들이 있다. 대체로 심리학에서 자주사용되는 용어이다.

〈자기긍정감의 동료들〉

자기긍정감 - 자기수용감 - 자기신뢰감

자기중요감 - 자기가치감 - 자존감

자기효력감 - 자기유용감 - 자신감

첫 줄의 '자기수용감'은 자기 자신을 받아들이는 마음이고, '자기신뢰감'은 자신을 믿을 줄 아는 마음이다.

가운뎃줄은 자신이 중요하고 가치가 있는 귀중한 존재라는 마음이며, 세 번째 줄은, 자기에게 힘과 능력이 있다고 여기는 마음을 가리킨다. 그중에서도 '자존감'이나 '자신감'은 평소에도 자주 사용하는 말이다.

첫 줄부터 마지막 줄까지는 '있는 그대로의 나에 만족한다'⇒'자신 있다'로 확대되어가는 이미지로, 전부 통틀면 '나 OK!'와 같은 마음이다. 이는 각기 다른 용어가 아니라 모두 그러데이션처럼 연결되어 있다.

'프라이드가 높은 사람'은 자기긍정감이 낮은 사람

의외로 '자존감'과 '프라이드'라는 용어를 같은 뜻이라고 생각하는 사람이 많은데, 사실은 정반대이다.

'자기긍정감'과 '자존감'을 영어로 표현하면 'Self-esteem'이다. '프라이드(Pride)'의 본래 뜻은 '오만(傲慢)'이다.

자존감은 결점까지도 통틀어서 자기를 소중한 존재라고 여기는 마음이다. 반면에 프라이드는 '자신감 결여=열등감'이라고 여기며 타인과 비교하여 자신이 우월하다고까지 생각하니 불손하기 짝이 없는 마음가짐이다. 그 때문에 '자존감이 높다'라는 말은 듣기에 좋지만, '프라이드가 높다'라고 하면 어감이 좋지 않다. 즉, 프라이드가 높은 사람은 자기긍정감(자존감)이 낮은 사람이라고 할 수 있다.

'무조건적 긍정'과 '조건적 긍정'

사람이 자기를 '긍정'하는 방법에는 크게 두 종류가 있다.

'①무조건적 긍정' '②조건적 긍정'이다.

사람은 다양한 '조건' 속에서 자기를 긍정한다. 예를 들면 일을 잘한다, 능력이 있다, 돈이 있다, 신용과 경험이 있다 등 여러 조건이 있다. 이 정도는 누구나 하는 당연한 일이지만, 사실 조건적 긍정은 무조건적 긍정이 전제되어야 성립한다.

이를테면 무조건적 긍정은 '마음의 토대'인 셈이다. '있는 그대로의 나로 충분하다' '잘하지 못해도 가치 있는 사람이다' 하고 자기를 그대로 긍정하고 있을 때 마음의 토대는 평평하게 유지된다. 그러나 마음의 토대가 기울어지면, 그 위에 자기를 긍정하기 위한 '조건'을 쌓을 때마다 무너지고 만다. 또, 어떻게 어떻게 쌓더라도 금방이라도 무너질 듯이 불안정하고 위태롭기만 하다.

주변을 보면 능력도 있고 수입도 충분한데, "아직 멀었어, 아직 모자라!"라고 스스로를 다그치는 사람이 있다. 또 사내 지위가 아무리 높아도 자기 자랑에 급급하다 보니 '그릇이 작다'라고 느껴지는 사람도 있다. 이들은 이미 마음의 토대가 기울어진 상태이다.

스펙을 쌓는 자체도 중요하지만, 무엇보다 먼저 마음의 토대가 기울어있지는 않은지부터 검증해야 한다. 그렇지 않으면 밑빠진 독처럼, 아무리 물을 길어다 부어도 채워지지 않는 지옥의 레이스에 빠져들게 된다. 그런데 세상 사람들 대부분은 '마음의 토대'라는 존재조차 모르고 오로지 스펙을 쌓는 데만 혈안이 되어있다.

'긍정'은 '부정'으로 무너져 간다

자기긍정감은 원래 누구에게나 있다. '있는 그대로의 나로 충분'하니까 당연하다고 하면 당연하다. 갓 태어났을 때부터 '자기긍정감이 낮다'거나 '모유를 먹을 자격이 없다'라고 자책하는 아기는 없으니까.

그렇다면, 원래는 있던 '자기"긍정"감'이 어쩌다가 사라졌을까?

바로 '자기"긍정"'과는 정반대인 '자기"부정"'이 당신의 마음을 잠식했기 때문이다. 태어났을 때는 평평하던 '마음의 토대'가 '나는 안 된다'라거나 '열등하다'라며 자기를 부정하는 마음 탓에 무너져 버린 것이다.

자기긍정감은 '마음의 토대'다.

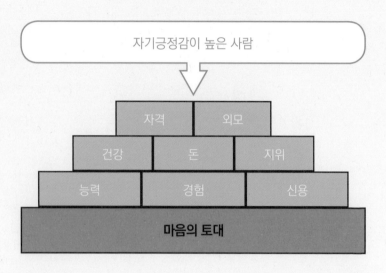

자기긍정감이 높은 사람

자격	외모
건강	돈	지위
능력	경험	신용

마음의 토대

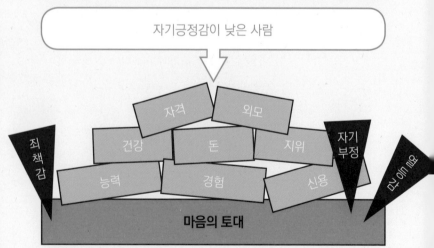

자기긍정감이 낮은 사람

자격 외모
건강 돈 지위
능력 경험 신용

죄책감

자기부정

모든 게 남의 탓

마음의 토대

02
자기를 부정하면 '적'이 늘어간다

애쓰는 것도 자기부정

여기까지 읽고 '아냐, 난 나를 부정하지 않아!' 하고 생각한 분도 있을 것이다. 그렇더라도 내심 '자기긍정'이라는 말이 궁금해서 이 책을 선택했을 것이다. 그렇다면 가능성은 충분하다.

자기부정은 누구나 "나는 안 돼, 최악이야…"와 같은 한마디로 쉽게 알아차릴 만한 내용이 아니다. 타인과 비교하며 질투와 열등감을 느꼈을 때, 그런 자신을 어떻게든 해야겠다며 고민하고 '더욱더' 채찍질하며 분발하고 무리한다면, 그것도 현재의 자기를 부정하는 상태이다. 세상과 타인의 시선 때문에 자기 생각과 마음을 억누른다면 그것도 자기부정이다. 별일 아닌데도 "아닙니다, 저 같은 사람이…"라며 겸손하게 행동하는 모습도 자기부정에 해당할 때가 있다. 이밖에도 자기 자신을 굴복시키는 생각과 행동, 즉 마음의 토대를 스스로 무너뜨리는 일은 모두 자기 부정이라고 생각하면 된다.

자기부정의 두 얼굴

만일 끊임없이 '난, 안 되는 놈이야!'라며 자기를 부정한다면 어떻게 될까?

우선, 정신력이 한없이 바닥으로 끌려 내려간다.

사물을 건설적으로 받아들이지 못하고 세상을 비관적으로 보기 시작한다.

머릿속에서는 늘 자신을 부정하는 말이 맴돈다. '나는 일을 못해' '모두가 날 싫어해'라며 자기를 비난하는 마음의 소리가 현실을 보는 관점에 그대로 투영된다.

언제부터인가 주변 사람들이 자기를 부정하고 비판하며, 원망하는 것 같은 기분이 든다.

점차 자기는 원망받는 '피해자'이고 타인과 사회는 자신을 위협하는 '가해자'라고 여기게 된다.

이쯤 되면 사람은 두 종류의 행동을 하게 된다.

어떤 사람은 '다시는 날 부정하지 마!' '난 나쁘지 않아! 할 수 있어!'라며 타인에게 【반항】하고 분노로 호소하려 든다. 타인에게서 공격받았을 때 자신을 지키기 위해 방어하는 것은 당연하다. 다만, 당신을 부정하는 건 다른 사람들이 아니라 자기 자신이다. 사실 남들은 당신이 왜 기분이 상했는지 모른다. 주변에서 보면 그저 불편할 뿐이다. 이 책에서는 【반항형】이라고 부른다.

반면에, 끊임없이 자기를 부정하면서 '난 잘하는 게 하나도 없어…'라고 절망하며 모든 일을 【비관】적으로 받아들이는 사람도 있다. 더 나아가서 '난 가치가 없어'라고 외치며 자신의 존재 자체를 죄악시한다. 이러한 경우를 【비관형】이라고 부른다.

자기를 계속해서 부정하면 이렇게 【반항】적이고 【비관】적인 행동에 내몰리게 된다. 이래서야 과연 인간관계가 원만해질 수 있을까.

하물며 어렸을 적부터 자기를 부정해왔다면? 어느새 '버릇'이 되어 마음 깊이 뿌리내리게 된다.

이러한 마음의 버릇을 정작 당사자는 깨닫지도 그만두지도 못한다. 당신의 상태는 어떠한가?

어떤 사람들은 【반항】하고 【비관】하는 상태를 '성격'이라고 부를지도 모르지만, 아니다. 이는 그저 '마음이 "부정"하는 버릇'이다.

자기를 부정하는 사람은 이렇게 된다.

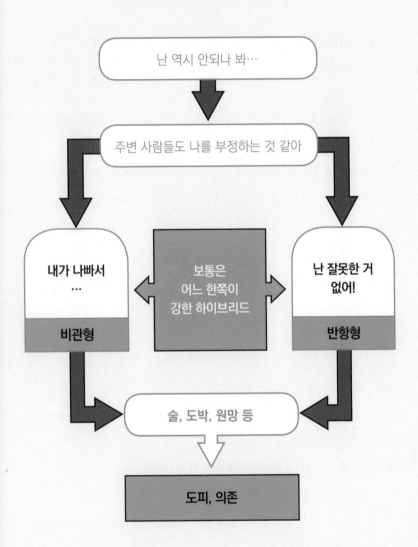

【반항】하는 사람과 【비관】하는 사람

여기에서 【반항형】과 【비관형】의 특징에 대해서 상세히 살펴보기로 한다.

【반항형】은 자기가 자기를 부정하고 있을 뿐인데 '타인이 긍정(승낙, 신뢰, 애정 등)'해주지 않는다고 한다. 그래서 화를 내고 위력을 행사해서라도 타인에게 긍정을 받으려고 한다. 그럴수록 사람들이 자꾸 피하니, 더욱 위력을 행사하는 악순환에 빠지고 만다. 스스로 그렇게 작은 사람이라고 인정하고 싶지 않으므로 자기에게도 【반항】하며 더욱 과시하려고 애쓴다. 결국, '역시 나를 이해해주는 사람은 없다' '남은 믿을 수가 없다'라는 고정관념이 더욱 굳어진다.

【비관형】은 자기를 '타인이 긍정(승낙, 신뢰, 애정 등)'해줄 리가 없다며 포기하고 긍정 자체 받아들이지 않는다. 부정적인 말만 일삼다 보니 사람들이 피하게 된다. 그렇게 사람들 속에서 멀어져가는 자기를 지켜보며 '역시 다들 나를 싫어하는구나!' 하고 더욱 【비관】적인 고정관념을 키운다. 언제나 자신이 나쁘다고 생각하므로, 인간관계에서 자기를 희생함으로써 가치를 찾으려

고 한다. '나는 약한 사람, 불쌍한 사람'이라면서 질병과 단점을 부각해 타인에게 연민으로라도 동정이라는 '긍정'을 얻고자 한다(나중에 설명하겠지만, 동정은 긍정이 아니다).

44~45페이지에 【반항형】【비관형】 관련하여 체크 리스트가 있다. 여러분은 어느 쪽에 해당하는지 확인해보시기 바란다.

사실은 긍정하고 싶어서 갈등한다

자기긍정감이 낮은 사람은 대개 【반항형】과 【비관형】의 두 성질을 갖는 【복합형】이다. 체크 리스트에서도 해당하는 항목이 양쪽 모두에 있을지 모른다. 보통은 어느 한쪽이 두드러진다. 두 타입이 드러나는 모양새나 겉으로 보이는 성격이 정반대여서 전혀 다른 인격처럼 보이기 쉽지만, 뿌리는 같다. 다시 말해서, 위태위태한 자기긍정감을 외부로부터의 긍정과 승낙으로 채우려고 타인에게 의존하는 '인정해줘 군' '알아줘 양'으로 언제나 자기를 부정한다.

하지만, 자기를 부정하는 사람이 언제나 【비관】하고 【반항】만 하는 번잡한 상대는 아니다. 이들에게도 '남들을 상냥하고 친절하게 대하고 싶다' '나를 긍정하고 상대도 긍정하고 싶다'라는 마음이 존재한다. 그저 '이렇게 【비관】하고 【반항】하는 나는 안 돼'라며 더욱 자기를 부정하는 악순환에서 헤어나지 못하고 있는 것이다. 마음속 갈등과 자기모순이 격렬하여 정신이 없다. 흔히 '하이브리드차'는 연비가 좋다고 하는데, 【반항】과 【비관】하는 사람은 에너지 대부분을 무의식중에 일어나는 자기부정과 갈등에 쏟는 통에 갈수록 연비가 나빠진다. 그 때문에 만성적 피로에 시달리며 잠을 자도 개운하지 않다는 사람이 많다. 마치 예전의 나처럼.

표현이 조금 거창해졌는데, 이러한 특징에 조금이라도 해당한다면 '자기긍정감이 낮을지도 모른다'라고 생각해도 된다. 지금은 안심할만하더라도 끊임없이 자기를 부정하면 누구나 이렇게 심각한 상태에 빠질 수 있다.

또, 여기까지 읽고 자기는 차치하고라도 직장 내 동료나 지인 중 '누군가'가 불현듯 떠올랐을지도 모른다. 이러한 두 타입의 특징과 성질이 자기긍정감이 낮아졌을 때 보이는 행동 양식임을 알아둔다면, 대인문제를 극복하고 더 나은 인간관계를 형성하는 데 도움이 될 것이다.

【 반 항 형 】 체 크 리 스 트

☐ 사소한 일에 자주 화를 내고 폭발한다.

☐ 기본적으로 타인은 믿을 수 없다고 생각한다.

☐ 프라이드가 높고 체면을 중시한다.

☐ 자기를 과시하거나 자랑하거나 거짓말할 때가 있다.

☐ 의리와 의무, 약속을 중시하며 타인에게 강요한다.

☐ 타인에게 '이렇게까지 해줬는데'라고 느낄 때가 많다.

☐ 자기가 주목받거나 화제의 중심에 있지 않으면 만족하지 못한다.

☐ 사람과의 관계를 상하, 승패로 평가한다.

☐ 정의감이 강하고 시시비비를 주장하며 타인과 충돌한다.

☐ '자신은 남보다 잘났다, 굉장하다'라고 생각한다.

☐ 예스맨(긍정해주는 사람)을 선호한다.

☐ 주변 사람들에게 친절하지만, 거역하는 사람이나 멀어져가는 사람에게는 손바닥 뒤집듯이 냉정하게 굴 때가 있다.

한마디로 표현하자면 '남 탓하는 사람'이다. 상대나 환경 때문에 공허하다고 생각하며 원인을 '외부'에서 찾는다. '저 사람만 없다면' '회사가 나쁘다'라고 여기며 언제나 마음속에서 누군가나 무언가와 싸우고 있다.

사람을 끌어당기는
자기긍정의 힘

☐ 언제나 타인의 시선이 신경 쓰인다.

☐ 남이 나를 싫어할까봐 너무나 두렵다.

☐ 주변에서 칭찬하거나 인정해줘도 '아니요, 제가 어떻게' '그럴 리가요'라고 말한다.

☐ 사소한 일로 '죄송합니다'를 연발하며 필요 이상으로 사과한다.

☐ 타인에게 '~당했다'라고 느낄 때가 많다.

☐ 부정적인 말을 중얼거린다.

☐ 자기 일보다도 남의 일을 우선한다.

☐ 거절하지 못하고 부탁하지 못하며 하고 싶은 말을 하지 못한다.

☐ '나는 다른 사람보다 약하다, 열등하다'라고 생각한다.

☐ 언제나 누군가가 도와주기를 기대한다.

☐ 자기가 뭘 좋아하는지 모른다.

☐ 막연히 '나 같은 건 없는 게 나아'라고 생각한다.

한마디로 표현하자면 '자기 탓하는 사람'이다. 무슨 일을 당하면 늘 자기 탓이라고 생각히며 원인을 자기 '내부'에서 찾는다. '내가 나쁘다' '어디를 고쳐야 할까?'라는 죄책감에 사로잡혀 언제나 자신을 원망한다.

서로 끌어당기는 【반항】과 【비관】

【반항형】은 '날 인정하라'라고 강요하고, 타인을 지배하려 든다.

【비관형】은 '난 안 돼' '싫어하면 어떡하지?'라며 타인에게 복종하려 든다.

그 때문에 【반항형】이 위에 서고 【비관형】은 아래에 서면서 수직관계가 형성된다. 수요와 공급이 일치해 버리는 셈이다.

무의식중에 서로 끌어당기며 서로가 서로에게 의존하는 관계가 되는데, 이를 '공의존관계¹'라고 한다.

직장 내 괴롭힘(Power Harassment), 가정 내 폭력(Domestic Violence) 등 일상에서 벌어지는 타인과의 부정적인 관계를 구조적으로 보면 대개 이렇다. 특히 직장이라는 수직 사회에서는 편의상 존재하는 '직함'에 따른 '상하' 관계 때문에 공의존 상황이 자주 벌어진다. 직함의 높고 낮음이 사람의 높고 낮음을 결정하는 게 아닌데도 그렇다. 지배하는 쪽도, 당하는 쪽도 자기부정이 강하여 마음의 토대가 기울어있을 뿐이다.

【반항형】도 【비관형】도 모두 자기를 부정하므로 한 몸이나 다

---

1 공의존, 동반의존, 공기벽(共依存, 同伴依存, 共嗜癖, Codependency, Coaddiction)은 어떤 한 사람이 다른 사람에게 중독 혹은 탐닉(Addiction), 정신 건강 악화, 미성숙, 무책임, 성취 저하(Under-achievement) 등을 조장(Enabling)하는 대인관계에서의 행동조건(Behavioral condition)을 말한다. 인정을 받거나 정체성(Sense of identity)을 찾기 위하여 타인에게 과도하게 의존하는 것이 공의존의 가장 큰 특성이다.

사람을 끌어당기는
자기긍정의 힘

름없다. 또 상대와의 관계성에 따라 역할과 지위가 바뀌기도 한다. 심리상담을 하다 보면, 회사에서는 【비관형】으로 상사에게 직장 내 괴롭힘을 당하는 남성이 가정에서는 【반항형】이 되어 아내와 아이들을 지배하는 사례를 자주 접하게 된다. 자신을 긍정하며 가치 있는 소중한 사람이라고 여기면, 직장 내 괴롭힘이나 가정 내 폭력에 '그만둬!'라며 맞서거나, 열정페이를 강요하는 기업에 미련 없이 작별을 고할 수 있게 될 것이다.

'나도 OK, 너도 OK'가 유일한 길

여기까지 글을 쓰면서 사람이 자기를 부정하면 어떤 상황에 빠지는지 알게 되어 나도 매우 놀랐다. 그러나 이는 누구에게나 크든 작든 벌어지는 일이다. '마음의 토대가 기울어진 정도'는 '자기부정의 강도'에 비례한다. 자기와 타인에 대한 긍정을 매트릭스 표로 정리하면 49페이지와 같다.

【반항형】에서 '나 OK'는 사실상 가짜 긍정이다. 자기를 과시하거나 강한 척하며 조건에 따른 일시적 긍정으로 프라이드를 지킬 뿐이다. 마음 깊은 곳에서는 엄청난 자기부정의 소용돌이에

휩싸여 있을 것이다.

　【비관형】은 '타인 OK'를 가장하지만, 이는 타인을 위에 세우고 '저 사람은 가능한데' '나는 안 돼'라며 자기를 아래에 두어 '나 NG'를 증명하려고 한다.

　【반항형】은 공격모드에, 【비관형】은 복종모드에 있다 보니, 자기를 위협하는 '누군가'가 늘 존재하게 된다. 특히 자기를 부정하는 탓에 자기 자신조차도 '가해자'가 되어버리곤 한다. 그 때문에 직장은 안심하고 안전하며 즐거운 장소가 아니라 '회사에 가고 싶지 않아…' 같은 마음이 드는 장소가 된다.

　결국, 자기 자신과의 관계를 회복하여 자기에게 OK 하고, 타인에게도 OK 하는 【긍정 타입】이 되어야만 건전한 정신력은 물론 안심이 되고 안전한 직장환경을 얻게 된다.

　이것이 인간관계가 힘겨운 당신이 회사에 가고 싶어지는, 유일한 방법이다.

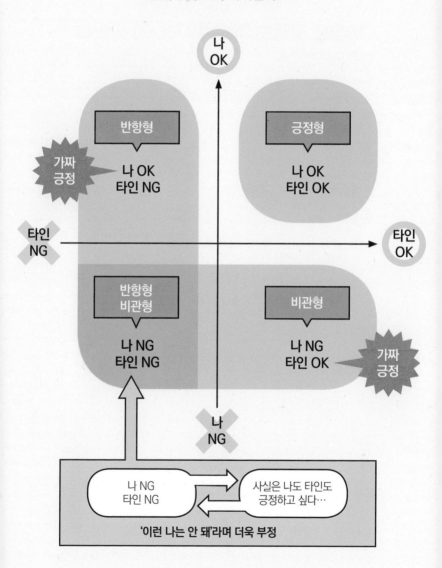

03
부정도 긍정도 '착각'에 지나지 않는다

'어차피 나는 ○○한 사람'

지금 이 책을 읽고 있는 당신에게 질문한다.

'어차피 나는 ○○한 사람'이라고 자기를 표현한다면, ○○에 어떤 말이 어울릴까?

꼭 한번 메모해보시기 바란다.

예)

쓸모없는 사람, 열등한 사람, 재미없는 사람, 매력 없는 사람, 능력 없는 사람, 귀엽지 않은 사람, 바보 취급당하는 사람, 이해받지 못하는 사람, 도움받지 못하는 사람, 보호받지 못하는 사람, 관심받지 못하는 사람, 제 역할을 못 하는 사람, 학력이 낮은 사람, 잘 안 풀리는 사람, 아무도 기뻐해 주지 않는 사람, 홀대받는 사람, 신뢰받지 못하는 사람, 따돌림당하는 사람, 미움받는 사람, 못 어울리는 사람, 아무도 웃어주지 않는 사람, 사랑받지 못하는 사람

　부정적인 표현만 예로 들었는데, '밝은 사람' '재주 있는 사람'과 같이 긍정적인 표현을 넣어도 된다.

　이 질문에 당신이 떠올린 단어, 그것이 자기의 '셀프이미지(자기인식)'이다. 즉 자신이 자신을 어떻게 생각하는가에 대한 답이다. 대개 '어차피'라는 말 뒤에는 부정적인 표현이 따라오므로 ○○에 들어가는 단어가 당신의 '자기부정'이다.

'어차피'는 '결국'을 데리고 온다

　자기를 '어차피 ○○'라고 생각하면 '결국 ○○'라는 현실이 찾아온다.

　상사가 부하직원을 독려하려고 아무 뜻 없이 "모두, 일 좀 잘하자!"라고 말했다고 치자. '어차피 나는 쓸모없는 사람'이라고

자기를 부정하는 【비관형】은 이런 말을 들으면 '내가 잘못해서 결국 혼났다(울음)'라고 받아들인다.

'어차피 날 이해해주는 사람이 없다'라며 자기를 부정하는 【반항형】은 '예, 저는 잘하고 있습니다!(분노)' '이렇게 노력하는데, 역시 몰라주네!(분노)'라며 억울해할지도 모른다. 멋대로 상처받고 억지 부리는 모습을 상사가 보면 얼마나 어처구니없을까.

반면에 '호감형' '신뢰받는 사람'이라고 자기를 긍정하는 사람이라면 내심 '저렇게 말하다니, 난 역시 기대주인가!'라며 큰 소리로 "열심히 하겠습니다!"라고 대답할지도 모른다. 상사도 이런 대답을 들으면 "좋아, 의욕이 넘치는군!" 하고 좋은 인상을 받게 된다.

그러나 이 세 사람이 마주한 현실에는 무엇 하나 차이가 없다. 상사는 같은 상황에서 같은 말을 하고 있는데, 자기가 자기를 어떤 '시선'으로 바라보는지가 현실에 투영된 결과이다. 관건은 내심 '사랑받고 있다'라고 생각하는 자기긍정적인 사람도 결국 '착각'에 지나지 않는다는 것이다. 어차피 착각할 거라면 자기 형편에 맞게 '착각'해보는 건 어떨까.

사람을 끌어당기는
자기긍정의 힘

현실보다 앞서 있는 '고정관념'

'뇌간망양체 부활계'라는 말을 들어본 적 있는가?

한자로는 '腦幹網樣体 賦活系'라고 쓰는 조금 어려운 이 말은 쉽게 설명하면 뇌내 '정보선별 필터'이다. 촉각, 미각, 후각, 청각, 시각 등 오감을 통해 신경에 모인 방대한 정보량을 그대로 뇌에 전달했다가는 뇌가 처리하다가 자칫 폭발할 수도 있다. 이럴 때 뇌간망양체 부활계가 등장하여 필요한 정보만을 엄선해 뇌에 전달하는 역할을 한다.

지금 이 책을 읽으면서 엉덩이가 의자에 앉아있는 감각이며 외부로부터 희미하게 들려오는 자동차 소리 등은 거의 불필요한 정보이므로 필터링 되어 미약해진다. 한편, 자기에게 필요한 정보는 들어오는 대로 뇌에 전달된다. 이때 뇌간망양체 부활계가 정보를 필터링하는 조건은 다음과 같다.

① 생명 유지에 필요한 사항
② 흥미 및 관심 사항

①번은 '아파!' '뜨거워!' '큰 소리가 났어!' 등 무엇보다도 우선되어야 하는 중요한 정보이다.

②번의 경우, '저 차, 너무 멋지다!'라고 생각하는 순간, 어딜 가든 그 차만 눈에 띄지 않던가? '하와이에 가고 싶다!'라고 생각하면 서점에 가든 인터넷을 하든 하와이에 관한 정보에만 눈길이 간다. 바로 흥미와 관심이 있는 정보라서 그렇다.

자, 이쯤에서 충격적인 사실을 한 가지 알려드리자면, 50~51페이지에서 써보라 했던 셀프이미지, 그것이 바로 당신의 '흥미 및 관심 사항'이다.

그 때문에 '난 안 돼'라고 생각하는 사람은 자기 생각을 증명하는 정보만을 수집하며, '난 호감형'이라는 사람도 마찬가지로 그렇게 보이는 현실만 찾아다닌다.

누구나 이렇게 자기의 고정관념에 사로잡혀 있다. 그리고 시간이 흐를수록 그것을 '운명'이라고 여긴다.

지금까지 당신은 직장에서의 인간관계가 힘겨운 건, 나쁜 상사, 말 안 듣는 부하직원, 능력이 부족한 '나'라는 현실 때문이라고 생각했을 것이다. 하지만 눈앞의 문제가 당신의 '고정관념'에 불과했다면, 조금은 희망이 느껴지지 않는가?

당신의 '고정관념'은 현실에 반영된다.

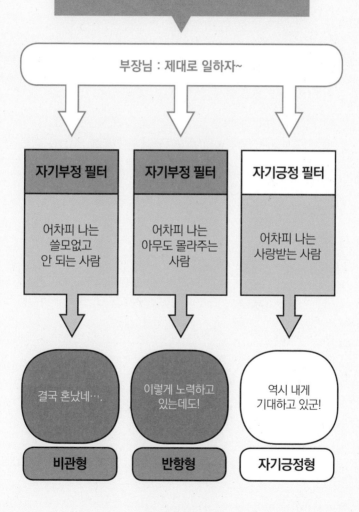

자기긍정감을 되찾는 여행

여기까지 읽고 조금이나마 '지금의 힘든 현실은 내가 만들어냈을지도…'라고 느꼈다면 다행이다.

지금부터는 '새로운 현실'을 만드는 방법을 알려드리고자 한다. 과연 어떻게 하면 될까.

착각에 따른 '자기"부정" 버릇'을 버리고, '자기"긍정" 습관'을 들이면 된다.

'이런 내가 가능할까?'라고 생각하던 분은 안심해도 된다. 이미 당신 주변에는 자기를 긍정하며 살아가는 사람들이 많다. 바로 지금 당신 곁에서 즐겁게 일하고 있는 사람들이다. 그들과 당신 사이에는 거의 차이가 없다. '아느냐, 모르느냐?' '깨달았느냐, 아니냐?' 정도의 차이가 있을 뿐이다.

손에서 자기부정을 놓으면 일도, 인생도 원활하게 흘러가기 시작한다. 상사와 동료, 부하직원과 스태프가 당신을 응원해주며 당신도 그들을 도우며 조금씩 충만해지는 삶을 살아가게 된다. 타인의 시선을 저만치에 두고 용기 내 도전할 수 있게 되고, 자기 손으로 인생을 개척하는 사람이 된다.

자, 이제부터 자기긍정감을 되찾고 본래 자기 모습으로 다시 태어나보자!

1

■

자기도, 타인도
긍정적으로 받아들이기가,
'인간관계가 힘겨운' 당신이
직장에 가고 싶어지는 유일한 방법이다.

■

자기긍정감이 높은 사람과 당신 사이에는
'아는가, 모르는가?'
'깨달았는가, 아닌가?' 정도의 차이밖에 없다.

제2장

안 되면 안 되는 대로
자신을 인정하라

01
자기의 부정적인 면을 받아들이기

　업무며 인생을 곤란하게 만드는 부정적인 고정관념(자기부정)을 손에서 놓는 방법을 알려드리기 전에, 2장에서는 자기를 인정하기 위해서 우선 알아두어야 할 '키워드'를 소개한다.

어쨌든 인정하기로 '결정'

　무엇보다 '내가 나를 부정하기 때문에 이렇게 사는 거다!'라는 점을 철저히 인정하고 '이제 나는 나를 부정하지 않을 테다!' '모두 인정하겠다!'라는 '결심'부터 시작한다. '이런 나는 안 돼!' '다들 날 싫어해'와 같은 생각이 습관처럼 마음에 떠오를 때면 크게 심호흡하고 아자아자! 외치며 벗어나려고 노력한다. 지금까지 마음의 버릇이었던 자기부정을 손에서 놓기란 쉽지 않을 것이다. 그러나 이제부터 그만두겠다는 마음을 꾸준히 유지한다면, 자신에게 꼭 맞는 방법을 찾을 수 있다.

다만 한 가지, 반드시 조심해야 할 점이 있다.

'결심했더라도 여전히 나를 부정하는 나'조차도 부정하지 말 것!

【반항형】도【비관형】도 지금까지 살아오면서 끊임없이 자기를 부정해온 사람들이다. 그로 인해 언제 어디서든 자기부정을 그만두지 못하고 '모처럼 굳게 마음먹었는데, 실천하지 못하는 나는 역시 안 돼….'라며 무한히 반복하는 '안 돼'라는 이름의 뫼비우스 띠에 갇히고 만다. 우선 자기부정을 그만두기로 한 그 도전을 받아들이고 한 걸음씩 앞으로 나아간다. '나는 안된다'는 그저 고정관념일 뿐이다.

'안 되면 안 되는 대로'

보통 사람은 '안 되면 안 돼!' '안될 리가 없어!'라고 생각한다. 안 되는 부분은 당연히 고치거나 개선해야만 한다. 그러나 제1장에서 설명했듯이, 스스로 '안 되는 사람'이라고 생각하는 건, 그저 '고정관념'이고 '착각'이다. 이러한 고정관념에서 벗어나기 위해서라도 '자, 지금은 안 돼도 돼' '안 돼도 어쩔 수 없지'라며 적극적으로 자기편을 들어준다.

'안 돼도 된다!'라고 소리를 내어 말할 수 있는가?

여전히 위화감이나 저항감이 있는가? 그렇다면 아직도 마음속으로 자기를 부정하고 있는 것이다. 이 말에 위화감과 저항감이 사라지고 조금이나마 웃게 될 때까지 혼잣말이라도 해본다. 간단한 일이지만 마음속 장애물이 조금씩 무너지게 된다.

'안 돼도 돼'는 긍정이며 '안 되면 안 돼'는 부정이다. 그러니까 안 풀리고 무능력한 자기에게 있는 그대로 괜찮다고, '허락'해주자. 혹시 자기를 몰아세우는 버릇이 있다면 '안 돼도 돼'라는 말을 늘 곁에 두도록 하자.

'안 돼도 괜찮아'라는 말은 자기합리화가 아니다

'안돼도 돼'라니, 자기합리화에 지나지 않는다, 너무 뻔뻔하다, 이렇게 생각하는가? 이러다간 '그래서 발전이란 있을 수 없어!'라는 의견까지 나올지도 모르겠다. 이쯤에서 다시 '긍정'을 설명하자면, '어떤 상황에서든 인정하고 받아들이는 것'이 긍정이다. 능력부터 해서 자기 '조건'이 아무리 마음에 들지 않는다고 하더라도 지금 상태에 한번 그대로 수긍하는 것. 이것을 '긍정적으로

포기'한다고 말한다. 참고로 '포기하다'라는 말은 일본어로 'あきらめる'라고 하는데, 원래 어원은 불교 용어로 '명명백백히 보다(관찰하다)'라는 뜻이라고 한다.

'자기합리화'에는 자기를 '시시비비'하는 '평가'가 존재한다. 평가는 모든 것을 OK 하는 '긍정'과는 다르다. 자기합리화란, 바르다고는 못하지만 '아니(否)'라고도 하기 싫어서 자기든 남이든 '시끄러워! 내가 이렇게 말하니까 이런 거야!'라고 강요하는 자세를 말한다. 이것이 바로 【반항형】이다. '난 쓸모없지 않아!'라며 목청 높여 【반항】한다. '안돼도 돼'라는 표현은 '시시비비'와는 상관없다. 자기는 안 된다고 평가하는 '고정관념'에서 벗어나기 위해 사용하는, 즉 자기 자신을 허락하는 말이다.

02
자신을 소중히 여기기

자신을 소중히 한다=이기적이다?

내담자들께 "자기를 더욱 소중히 하시라"고 말씀드리면, 대부분 자기를 소중히 하는 게 뭐냐고 되묻는다. 그만큼 많은 사람이 무의식중에 자기를 부정하고 괴롭히며, 애초에 자기를 소중히 한다는 발상 자체가 없다. 하지만 '자기를 소중히 할 줄 아는 사람'이 주변 사람도 소중히 여기고 행복하게 해주지 않을까?

'자기를 소중히 하라'고 하면, '이기적'이라고 받아들이는 사람도 있는데, 다음의 정의를 꼭 기억해주었으면 한다.

'이기적'이란 자기만족을 위해 타인을 이용하는 것.

'자기를 소중히 하는 것'은 스스로 자기를 만족시키는 것.

【비관】적이거나 【반항】적인 태도로 타인에게 '나를 알아달라'고 조르는 것이 이기적인 행동이며, 자기가 자기를 알아주려는

자세가 자기를 소중히 하는 행동이다.

자기감정에 긍정해주기

자기는 물론 타인까지 부정하다 보면 분노와 슬픔, 공포심과 쓸쓸함, 죄악감과 열등감 등 수없이 많은 부정적 감정이 생겨난다. 향상심이 있는 사람이라면 부정적인 감정이 들 때 '이래서는 안 된다'라며 긍정적인 마음으로 바꾸려고 애쓴다.

긍정적인 생각 자체는 나쁘지 않지만, 그렇더라도 부정적인 감정을 부정하지 말아야 한다.

한 어린 남자아이가 작고 귀여운 강아지를 보고 '무서워!'라며 바들바들 떨고 있다. 아이의 모습을 보고 당신은 뭐라고 말할까?

아마도 빙긋이 웃으며 뭐가 무섭냐고 한마디 하지 않을까. 어쩌면 '사내대장부는 우는 거 아냐!'라며 꾸중할지도 모르겠다. 문제는 그 말이 아이를 위해서 한 말이어도 이 모두가 그 아이에게 '부정'당했다는 느낌을 주었을지 모른다는 것이다.

상대에게 부정당하면 '수치심'을 느끼고 '내가 나빴다'라는 죄책감 때문에 자기감정을 억누르며 참으려고 한다. 혹은 참지 못하고 버럭 '무섭다니까!'라고 소리치며 엉엉 울어 젖힐지도 모른다. 부정당한 남자아이는 '알아주는 사람이 없다'라든가 '나는 나약한 인간'이라며 자기에 대한 불신이 커질지도 모른다. 이미 이성이 발달한 성인의 시선으로 보면 '호들갑 떤다'라고 할지 모르지만, 이성보다도 본능에 충실하며 감수성이 높은 어린아이가 자기감정을 부정당하면 마치 자기를 부정당하는 것처럼 느끼기 때문이다.

사실 이렇게까지 극단적으로 생각할 필요는 없겠지만, 이럴 때 어른으로서 아이에게 해줄 만한 가장 바람직한 말은 '무섭지!' '무서웠구나!'이다.

아이가 '무섭다'라고 말하고 있으므로 우선 아이의 감정을 인정해준다.

"그랬구나, 무서웠구나!" "그래그래, 처음 봐서 그래!" "무척 놀랐구나!" 이렇게 받아주면 자기 기분을 알아주었다고 생각하며 안심한다. 그런 다음, 꼭 안아주면서 "오냐오냐!" "괜찮아!" "봐, 작고 귀엽지!"라고 해주면 울음을 그친다. 이렇게 한다면 자기를 부정하는 일 없이 자기감정에 충실하고 자기를 인정할 줄 알게 된다.

모두가 자기를 '알아주기'를 바란다. '기분'이든 '감정'이든 알아달라는 것이다.

자기 자신에게도 마찬가지이다. '상사만 보면 화가 나' '슬펐어' '정말 무서웠어!' '지금 이대로라면 【반항】하며 화내거나 【비관】하여 울거나 해도 어쩔 수 없어…' 이렇듯 기분과 감정을 헤아려준다. 자기가 자기 기분을 부정하지 않고 헤아려줄 줄 알게되었을 때 비로소 앞을 향해 첫걸음을 뗀 것이나 다름없다. 행동을 반성하고 개선하는 건 그다음이다.

자기를 소중히 한다는 것은 곧 '자기감정에 긍정하기'이다.

지금껏 자기를 부정해온 사람이라면 '공포' '슬픔' '불안' '초조' 등 부정적인 감정을 더욱 적극적으로 인정해야 한다. 바람직한 감정이라면 말할 필요도 없다!

하고 싶은 일은 하고, 하기 싫은 일은 그만두기

이렇게 자기감정을 수긍하기 시작하면, 싫은 일은 싫다, 좋은 일은 좋다는 기분이 어떤 것인지 서서히 알게 된다. 지금까지 '당연한 일' '원래 그런 일' '이건 이거' '다들 그래' '어차피 방법이 없잖아!' '○○해서는 안 돼!' '○○해야 해!'라는 말로 억눌러왔던

'진짜 마음'과 마주하게 된다. 조금씩이어도 좋으니, 하고 싶은 일을 하는 시간은 늘리고, 하고 싶지 않은 일은 손에서 놓는다.

힘에 부치는 일은 거절해보기. 가끔은 야근하지 않고 퇴근하기. 특별한 이유 없이 유급휴가를 쓰고 바닷가로 여행가기. 환한 색 옷 입어보기. 수수한 안경을 벗고 콘택트렌즈로 바꿔보기. 좋아하는 반찬부터 먹어보기. 먹기 싫은 음식은 남겨보기….

마음만 먹으면 할 수 있지만 하지 않던 일들을 하나하나 해보며 자기를 채워보기 바란다. 그런데, 막상 이렇게 해보려면 의외로 겁이 나서 선뜻 시작하지 못한다. 그래서 더욱 의미가 있다.

03
자기긍정감을 되찾는 3가지 습관

습관1. 언제나 자신을 '위로'한다

당신은 언제나 자기에게 벌을 주며 【반항】하고 【비관】하면서도 어떻게든 버티며 여기까지 노력해왔을 것이다. 그랬던 지금까지의 자기에게 위로의 한마디를 건네본다.

"이런 내가 어떻게 버텨냈지! 잘했어!"
"잘 참았어!"
"나도 제법인걸!"
"잘하고 있어!"

앞으로 자기를 괴롭히는 일은 그만두고 먼저 다가가서 친구가 되어주는 것이다.

자기긍정감이 낮은 사람은 지금까지 살아오면서 자기에게 이런 말을 들려준 적이 없을 것이다. 심리상담을 통해 내담자에게 이 말을 해보라 하면 통곡하는 분이 꽤 있다. 당신도 꼭 한번 소리 내어 말해보시라.

이렇게 매일 자기를 위로하는 말 한마디를 인생의 습관으로 만들어보자. 분명, 당신 마음속 토대가 더욱 탄탄해질 것이다.

습관2. '나에게 OK 해주기'

몇 번이나 설명해서 귀에 딱지가 앉을 정도이지만, 자기'긍정' 감은 자기를 부정하는 버릇 때문에 자꾸 낮아진다. 이 부분은 정말로 중요한 대목인데, 부정은 단순한 '버릇'일 뿐이다. 그러니까 버릇을 덮어쓰기를 해버린다. 될 수 있으면 '부정'하기를 그만두고, '긍정'하는 습관으로 바꿔간다. 자기의 모든 행동, 생각, 감정에 '긍정' 즉 OK 하는 연습을 하는 것이다.

"오늘 아침도 잘 일어났어, 좋았어!"
"양치질도 구석구석 잘했고, 이 정도면 옷도 잘 차려입었고, 엄지 척!"

"도시락을 싸다니, 부지런한걸!"

"회사에 가기 싫다! 하지만 가기 싫다는 걸 알았으면 됐어, OK!"

"매일같이 만원 전철을 타고 다닌다니, 칭찬받을 일 아냐!"

"무사히 회사에 도착! 좋았어!"

"'안녕하세요!'라고 인사도 하고 다시 봤어!"

"업무에서 실수하는 바람에 역시 난 쓸모없다고 생각했지만, 깨달았으니 됐어!"

"아무 눈치도 보지 않고 화장실에 다녀왔어, 잘했어!"

"업무 스트레스가 두려워. 두렵다는 거지! 그걸로 충분해!"

"업무는 잠시 뒤로하고 커피타임 중. 기분전환도 되고 바람 쐬길 잘했어!"

"과장님 때문에 화나 죽겠어. 그 기분을 알았잖아, OK!"

"오늘 하루 근무 끝. 고생했어!"

"집에 무사히 도착! 다행이다!"

"샤워도 마쳤고, 개운해!"

"오늘 하루도 무사히 보냈네. 수고했어!"

중요한 점은 다음의 네 가지이다.

① 좋고 나쁨으로 판단하지 않고, 무조건 수긍한다.

② 자기에게 OK 하는 기준선을 갓난아기 칭찬하는 수준으로 끌어내린다.

③ 무리하지 않으면서 마음이 내킬 때, 기분 좋을 때 즐긴다.

④ 자기부정이나 부정적인 감정에는 '알아차렸으니까 OK' 한다.

이 중에서 ④번이 가장 중요한데, 사실 이것만 실천해도 된다. 특별한 자각 없이 벌어지는 자기부정을 알아차리고 조금씩 내려놓다 보면 【비관】과 【반항】에서 벗어나게 된다. 처음에는 자기에게 거짓말을 하는 것 같아서 실감나지 않겠지만, 익숙해지면 그렇게 어렵지 않다. 그뿐일까, 점점 횟수도 늘어난다.

하루만 제대로 실천해보자. 그 효과에 놀랄 것이다. 만약 한 달 동안 성실하게 실천한다면 세상이 달라 보일 것이다.

습관3. 부정적인 감정은 더욱 긍정해주기

부정적인 감정을 인정하는 일이 얼마나 중요한지는 설명했고, 이번에는 누구나 간단히 실천할 방법을 소개하기로 한다.

부정적인 감정을 온몸으로 긍정하는 방법

① '공포' '슬픔' '불안' '초조' '분노' 등의 감정이 생기면 조용한 장소로 이동한다. 누워보는 것도 효과적이다.

② 가슴이나 명치에 손을 얹고 눈을 감은 다음 천천히 호흡한다. 특별히 두근거림이 느껴지는 신체 부위(아랫배, 어깨, 허리, 허벅지 안쪽, 팔뚝, 목 앞쪽 등)가 있으면 그곳에 손을 얹고 호흡한다.

③ 두근거림이 느껴지는 부위를 쓸어주거나, 가볍게 톡톡톡 두드리며, 다음처럼 소리 내본다. 마치 어린아이를 달래듯이 말이다.

'불안해도 돼(슬퍼해도 돼, 무서워해도 돼, 등).'

'느껴지는 대로 느끼면 돼.'

④ 감정이 수습되어가는 것을 느낀다. 신체가 어느 정도 만족하면 마친다.

대개 20분 정도면 감정이 사그라진다. 부정적인 감정이 생길 때마다 이 방법을 실시하면 차차 자기감정에 휩쓸리지 않게 된다.

이상의 세 가지 습관은 자기를 부정하는 사람이 있는 그대로 자기를 인정하기 위한 기본이다. 자기부정은 마음의 잘못된 생각 방식이다. 앞으로 소개하는 내용을 읽고 실천하면서 잘 이해되지 않을 때면 이번 장과 세 가지 습관을 다시 읽어보시기 바란다. 그것만으로도 당신의 자기긍정감은 회복될 것이다.

■

'안 돼도 돼'란, 자기를 안 된다고 평가하는
'고정관념'에서 벗어나기 위해서
자기를 용서하는 말이다.

■

'공포' '슬픔' '불안' '초조' 등,
부정적인 감정에는 꼭 긍정해주자.

■

당신은 자기를 벌주면서까지 애써왔다.
지금까지의 자기 자신에게 '잘해왔어!'
'훌륭해!'라며 위로하는 말 한마디를 건네보자.

제3장

'고정관념'은
착각이다

01
어둠 속에서 당신을 조종하는
부정적인 '고정관념'

드디어 '난 역시 안돼' '나를 이해해주는 사람은 없어'와 같이 자기를 부정하는 '고정관념'을 내려놓는 방법을 구체적으로 알려드리고자 한다.

강한 충격에서 탄생한 '고정관념'

부정적인 고정관념은 주로 유소년기에 만들어진다. 사람은 열다섯 살까지 '나는 이런 사람'이라는 셀프이미지를 만들어내고, 그 이미지를 평생 소중히 지키며 살아간다. 시험에서 백점을 맞아 선생님께 칭찬받았더니 모두가 질투하여 따돌림당했다는 경험은 그 아이에게 '눈에 띄지 말자'라는 고정관념을 만들어준다.

가족과 유원지에 놀러 가는 날만 손꼽아 기다리는데, '지금은 바빠서 다음에'라는 말을 수차례나 듣는다면 '상처받으니까 믿지 말아야겠다' '내가 소중하지 않은 걸까?'라는 고정관념을 낳을지도 모른다.

또, 고정관념은 가족이나 지역의 가치관에 따라서도 만들어진다. 학력을 무엇보다 중시하는 가정에서 자란 아이가 하필이면 공부를 못할 경우, '공부를 못하면 사람도 아니야!'라는 생각이 뿌리 깊게 내릴지도 모른다. '남존여비' 사상이 여전히 뿌리 깊은 지역도 있는데, 이런 곳에서 자란 여성은 '난 남자들보다 열등하다'라거나 '남자가 하는 말에 의견을 내면 안 돼'라는 생각을 당연시할지도 모른다.

주변 사람들이나 어른들은 잘되라고 하는 말일지 모르지만, 본인이 어떻게 바라보느냐에 따라 입에 쓴 약도 되고 고정관념이 만들어지는 바탕도 된다. 감수성이 예민한 어린 시절에는 TV나 만화 등에서도 영향을 많이 받는다.

부정적인 고정관념의 대부분은 부모나 선생님에게 혼났다, 부모를 슬프게 했다, 큰일을 당했을 때처럼 충격을 크게 받았을 때 그 충격에서 자기를 지키기 위해 만들어진다.

즉, 아이가 유소년기 환경에서 살아가기 위해 자기에게 부여한 생존전략이자 규칙이다. 당시에는 필요했을 것이다.

이런 사람 대부분은, '나는 있는 그대로 사랑받지 못했다'라며 자신을 '존재를 인정받지 못한 사람'이라고 여기는데, 이는 정말 큰 착각이다.

'사랑해달라!'고 조르면서 【반항】적으로 행동했다.

'미워하지 말아요!' 하며 애처롭게 움츠러들고 【비관】적이 되었다.

어쩌면 과거에 누가 봐도 애정이 느껴지지 않은 환경 속에 있었는지도 모른다. 부모는 열심히 키웠지만, 아이가 부모로부터 '걱정'이라는 형태로만 애정을 느꼈다면 불완전한 존재라는 족쇄에 매였을지도 모른다. 하지만 이런 과거는 지금의 당신과 전혀 상관이 없다. 이제부터는 사랑받고 인정받으며 인생을 살아가면 된다.

자기 부정적인 사람이 손에서 놓지 않는 【3대 고정관념】

'고정관념'의 근본에 있는 '대들보'들은 '날 사랑해주지 않는다' '사람들이 날 싫어한다'라는 착각인데, 여기에서 파생된 세 종류의 '고정관념'으로 자기를 억제하려고 든다. 이들 세 고정관념은 복잡하게 얽히고설켜서 마치 컬트 종교처럼 당신의 인생을 옥

쥔다.

① 【안돼 파】(금지, 억압)

'난 안되는 사람이야, ○○해서는 안 돼.'

② 【못해 파】(과도한 열등감)

'○○하지 못해(○○이 없어), 다들 날 싫어할 거야.'

③ 【힘내 파】(과도한 완벽주의)

'그래서 사랑받으려면, 더욱 노력해야 해!'

누구에게나 크든 작든 부정적인 고정관념은 있지만, 자기를 강하게 부정하는 사람은 고정관념이 타인보다 몇 배나 강하고 완고하게 믿어 내려놓으려 하지 않는다. 이러한 고정관념들 때문에 사랑받지 못하는 '공포'에서 자기를 지켜내야 하기 때문이다.

우선 나는 안 되고 가치가 없으며 사랑받지 못하는 사람이니까 '○○해야 해'라며 수많은 〈금지〉를 자기에게 부과하면서 살아간다. 금지사항이 늘어갈 때마다 당연히 인생은 괴로워지고 운신의 폭은 좁아진다. 또, '애정도 인정도 받지 못하는 건, 내가 열등해서다'라며 언제나 남과 비교하여 과도한 〈열등감〉을 느낀다. 열등한 부분을 개선하려고 자기를 계속 감시한다. 즉, 난 안되니까 '해서는 안 돼'라고 못 박아놓고 '못하니까' 열등하다;

그러니까 '더욱 이래야 해, 이렇지 않으면' 하면서 〈완벽주의〉로 자기를 몰아간다.

이러한 3개 파를 더하면 다음처럼 된다.

【비관형】의 사례

〈금지〉'쉬면 안 돼'+〈열등감〉'일을 잘하지 못해'

⇒ 〈완벽주의〉'더욱 일해서 도움이 되어야 해'

【반항형】의 사례

〈금지〉'지면 안 돼'+〈열등감〉'사실은 섬세하고 겁이 많아'

⇒ 〈완벽주의〉'언제 어디서나 늘 이겨야 해'

이러한 고정관념이 주는 압박감 때문에 【비관형】은 인생에서 절망하고, 【반항형】은 '난 나쁘지 않아! 네가 나빠!'라며 분노를 외부에 호소한다. 다만 본인은 자기에게 부정적인 고정관념이 있다는 걸 모르며, 자기가 왜 그렇게 행동했는지 모를 때가 많다.

'고정관념'은 머리로 생각하기보다 유소년기에 몸으로 익힌(비뚤게 생각했다) 버릇에 가깝다보니 더욱 내려놓기 힘든 것인지도 모른다.

【3대 고정관념】생각 흐름

대대적인 착각

나는 사랑받지 못하는 사람, 나는 미움받는 사람

사랑받으려면
미움받지 않으려면

사랑받지 못하는 이유는
미움받는 이유는

어리광 부리면 안 돼

공부를 못해서

'그러니까'

안돼 파

금지

못해 파

열등감

혼자서
노력해야 해

'그래서'

'그래서'

힘내 파

완벽주의

사람을 보고 초조해하는 것은 '착각' 탓?

고정관념은 대개 무의식 속에 있어서 스스로 알아차리기란 사실 쉽지 않다. 그런데 간단히 찾아낼 방법은 있다. 사람을 보고 초조하고 두근대며 긴장된다면 자기 안에 있는 '교리'에 반하고 있을 때이다.

'어리광부리면 안 돼' '못난 소리해서는 안 돼'라며 스스로 억누르고 있으면 틀림없이 눈앞에 '애교부리는 사람' '투정 부리는 사람'이 나타나서(흥미와 관심이 있어서 눈에 띈다), 당신을 초조하게 만든다.

'나쁜 기억력'을 열등감으로 여기면, 자기의 기억력은 안중에도 없이 편하게 웃고 있는 사람을 보면 마음이 뒤숭숭해진다.

'더욱 제대로 일해야 해'라며 완벽주의가 발동했는데 대충 일하는 사람을 보면 내내 마음에 걸려 그를 재단하기 시작한다.

마음을 초조하고 두근거리게 만드는 타인은 금지, 열등감, 완벽주의 등 자기의 편향된 생각을 가르쳐주는 고마운 존재이다.

그런 상대에게 초조해하고 불안해할 때는 분명히 '나도 저러고 싶다!' '나도 저 정도는 할 수 있는데' '내심 부럽다'라고 생각해서이다. 자신은 어려서부터 자신에게 제한을 두었는데, 그 사람은 묵묵히 해내고 있어 질투하고 있을 뿐이다.

그럼, 여러분의 교리는 무엇인가!

'보통'이라는 말 이면에는 '착각'이 있다.

"보통 그렇지 않아?"

"그 정도는 상식이지!"

"그건 당연하지!"

이런 말을 자주 사용하는 사람은 조심해야 한다. 왜냐하면 보통이나 상식이라는 말은 '자기 생각을 강요'하기 위해서 쓰이기 때문이다. '세상 사람들의 의견'이라는, 아무도 거역하지 못하는 '가공의 산물'을 멋대로 끄집어내고 그 뒤에 숨어 상대를 굴복시키려고 한다. 한마디로 '호가호위'하는 셈이다.

대개 이러한 '보통'이나 '상식'이라는 표현 뒤에 오는 말이 '고정관념'이다.

"보통 그렇게는 안 하지!"

"바쁘니까 야근하는 건 상식 아냐?"

설령 어느 정도 통상적인 일이나 상식이 존재한다고 가정하더라도, 이 말을 내뱉은 순간 당신의 생각은 정지한다. '내가 정의'라고 생각하기 때문에 상대와 더 나은 관계를 맺으려는 마음을 포기하게 된다. 자기 머리로 생각하기를 그만둔다. 더욱이 그 '보통'은 자기 자신을 옥죄는 '양날의 검'인데 말이다.

그렇다면 '보통'이라는 말은 어떻게 생겨났을까?

혹시 '상식'이라는 건, 당신의 가족과 주변에 한정되어 통하는 건 아닐까.

'보통' '상식' '당연'이라는 말이 나왔을 때, 거기에는 반드시 편향된 생각이 있다고 여겨도 된다.

02
금지사항을 손에서 놓는다

【안돼 파】의 주요 계명

우선, 직장에서 느끼는 주요 금지조항들을 예로 들었는데, 사람에 따라서 자기만의 고정관념이 다양하게 존재하므로 일부러 기억할 필요는 없다. 자기에게 어떤 고정관념이 있는지 알아보기 위한 참고로 삼으면 된다.

• '남에게 의지하면 안 돼' '어리광부리면 안 돼'
한창 응석부려야 할 나이에 철이 들어서 마냥 어린아이로 있지 못했던 사람이 대개 이렇다.

• '폐 끼치면 안 돼' '걱정시키면 안 돼'
부모나 선생님의 말버릇이었을지도 모른다. 실제로 폐를 끼쳤거나 걱정시켰는지는 상관없다.

• '실패하면 안 돼' '틀리면 안 돼'

실패에 관대하지 않은 사람들의 특수한 사례라고나 할까. 두려움이 앞서 도전하기를 주저한다.

• '남을 믿어서는 안 돼' '친해지면 안 돼'

왕따나 배신을 당했을 때 생겨난다. 타인과 친밀해지기를 두려워하여 스스로 거리를 두며 고립한다. 집단으로 움직이는 직장이 버겁게만 느껴진다.

• '지면 안 돼' '도망가면 안 돼' '약한 소리 하면 안 돼'

'나약함'에 관대하지 않으며 승부에 집착한다. '감사'하는 마음을 '패배'로 치부하기도 한다. 반대로 '이겨서는 안 돼'라는 계명도 있다.

• '쉬면 안 돼' '긴장이 풀어지면 안 돼'

부모가 일하는 모습을 보고 배운 경우가 많다. 야근을 거절하지 못하며 유급휴가를 죄악시한다. 학교가 개근상을 강요하는 이유와 같다. '즐기면 안 돼'도 포함된다.

- '화내면 안 돼' '감정적으로 나가서는 안 돼'

감정적인 부모나 선생님을 보면서 '분노'와 '슬픔'과 같은 감정을 부정한다. 감정을 쌓아두다가 결국 폭발하든가 병이 난다.

- '말하면 안 돼' '들으면 안 돼'

무슨 말을 했거나 들었다가 혼났을 때 생겨난다. 업무상 한마디 들으면 끝날 일을 혼자 끌어안고 고민한다.

- '눈에 띄면 안 돼' '신나면 안 돼' '자기주장을 펼쳐서는 안 돼'

과거에 눈에 띄었다가 비난받은 경험에 기인한다. '모난 돌이 정 맞는다'는 속담과 같다. 회사에서 존재감을 드러내는 일 없이 결국 희생적이며 의존적인 사람이 된다.

그밖에도 '어중간해서는 안 돼' '나 혼자 결정해서는 안 돼' 등 수많은 금지와 억압 조항이 있다. 사람에 따라 다르지만, 대개는 그럴 수밖에 없었을 거라고 생각되는 유소년기 환경에 원인이 있다. 어렸기 때문에 머릿속 가상의 세계에서 만들어진, 완전히 착각인 경우도 있다.

정말로 '하면 안 되는' 걸까?

'회사에 가기 싫어하는 사람'은 대개 직장에서 의존적으로 굴거나 어리광을 부리면 안 된다고 생각한다. 학교에서도 가정에서도 어릴 적부터 무슨 일이든 '혼자 할 줄 알아야 한다'라고 배우고 자라서 '제대로 해라' '똑바로 해라'라며 제 발로 서기를 강요받는다. 이렇게 누가 봐도 '제대로' '똑바로' 하는 '착한 아이'가 양산되어 가지만, 과도하면 자기긍정감이 한쪽으로 기울게 된다.

사실 나도 응석을 부리면 안 되는 사람이었다. 건강이 약했기 때문에 강해져야 했고, 떼를 써도 안 됐으며, 무엇이든 자기 힘으로 척척 해내야 한다는 마음으로 살아왔기 때문이다. 컨디션이 좋지 않아도 말 한마디 없이 누구보다 노력하며 일해 왔다. 그러다 보니 남에게 일을 부탁하고 서둘러 귀가하거나 입안의 사탕처럼 구는 사람을 보면 '언젠가 그에게 천벌이 내릴 것'이라며 마음속으로 단죄하곤 했다.

그러던 어느 날 정신 차리고 보니, 천벌을 받았으면 했던 그가 정말 즐겁게 일하고 있는 게 보였다. 상사며 고객과도 원만하게 지내며 출셋길을 사뿐사뿐 걸어가고 있었다. 야근하는 일이 없으니 사적인 시간도 충실히 보내고 있었다.

"잠깐만! 어째서 너 같은 사람이 이 악물고 누구한테 의지하지도 않고 일해 온 나보다 더 높이 평가받는 거지?"

지금 생각해보면, '누가 너한테 이 악물랬어?'라고 대답할 것도 같다. 이제야 알 것 같다.

실제 비즈니스에서 애교나 어리광은 잘 통하지 않는다. 그러나 적절한 애교나 부탁은 동료에게 도움을 받거나 상사와 원만히 지내는, 사실상 직장생활을 잘하기 위한 필수 기술이다. 예전의 나는 상사에게 의지하지도 마음을 열지도 않았다. 상사가 말하기를 언제나 '어려운 상대'였다고 한다. 그 때문에 상사와 부하직원, 또 나 자신과의 관계까지도 어색해지다가 어긋나기 시작했고, 결국 쓰러지고 말았다.

【어느 쪽이든 상관없지만, 이쪽이 좋아 파】를 해보자

'의지해서는 안 돼'나 '폐 끼쳐서는 안 돼'라는 생각에 한번 휩쓸리기 시작하면 업무가 과중하거나 문제가 있는 등 자기에게 정당한 이유가 있는 상황에서도 의지하기를 주저한다. 의지하려는 자기 자신을 '그래서는 안 돼' '내가 조금 더 해보고'라며 이유도 모르고 부정하며 억누르게 된다. 만일 의지하더라도 괜한 죄책감에 본래대로라면 '고맙다'라고 인사할 상황에 '미안하다'라고 양해를 구하거나([비관형]), '나도 할 수 있었어…'라며 변명하고 억울해한다([반항형]). 이래서야 도와준 사람도 보람이 있을 리 없다.

일하는 데는 '보고, 연락, 논의'가 매우 중요하다. 문제가 발생하면 일찌감치 상사에게 보고하고 의논하는 게 좋다. 불이 크게 번지기 전에 꺼야 하므로.

그렇다면 '의지해서는 안 돼'라고 자기를 금지한 사람은 어떻게 하면 될까?

스스로 금지한 '반대편의 나'를 인정하고 수긍해준다.

다음처럼 생각하면, 이해하기 쉬울 것이다.

'부탁해도 돼.'

'물론 남의 힘을 빌리지 않고 내가 해도 돼.'

'아무렴 어때.'

'그저 난, 내가 하는 걸 좋아하니까, 평소에는 의지하지 않고 해 볼래.'

'다른 사람은 관계없어.'

이것이 금지사항에 휘둘리지 않고, 타인도 자기도 부정하지 않는 건강한 정신상태이다('쉬어서는 안 돼' 등 다른 금지사항에도 응용해보시기 바란다).

스스로 '의지하지 않는다'라는 고정관념 속에 자기를 제지해왔다면, 이제는 '부탁해도 돼'라고 규칙을 변경하여 【어느 쪽이든 상관없지만, 이쪽이 좋아 파】로 옮겨보는 건 어떨까?

일부러라도 금지사항을 깨보자

막상 금지사항을 타파해보려고 하면, 의외로 저항하는 마음이 커서 깜짝 놀란다. 유소년기부터 지켜온 '고정관념'을 몸이 기억한다는 증거일 것이다. 그래서 더욱 금지사항을 일부러라도 깨보는 경험을 통해 '내가 걱정하던 만큼 큰일은 생기지 않는다' '의외로 다들 상냥하다'라거나 '이렇게까지 엄격한 금지사항은 필요 없었다'라고 자기를 재교육해야 한다.

이유는 기억나지 않지만, 내게는 '지각하면 안 된다'라는 고정관념이 있었다. 회의나 미팅이 있으면 늦어도 5분 전에는 자리에 앉았다. 그래서 회의에 늦는 사람을 적대시했다. 내심 '사람의 시간을 빼앗는 최악의 사회부적응자'라며 호되게 비판했을 정도였다. 그랬던 내가 부정적인 고정관념의 구조를 알고 나서, '시간에 늦어도 된다'를 자신에게 허락해보려고 실천해봤다. 실제로 회의에도 늦게 들어가 봤다.

말도 안 되는 소리라고 생각하겠지만, 처음에는 식은땀이 나고 손이 벌벌 떨릴 정도였다. 막상 회의실에 들어갔을 때는 정말로 송구한 마음이었다. 시선을 어디에 둘지 몰라 당황했고 기어들어가는 목소리로 "죄, 죄송합니다"라고 겨우 한마디 했다. 물론 아무 일도 일어나지 않았다. 그 자리에는 나를 걱정하는 듯한 사람도, 꾸짖는 듯한 사람도 없었다. 당연한 일이었다. 다른 누군가가 늦었을 때도 큰일은 벌어지지 않았으니까.

점차 식은땀이 나는 일도 줄어들고, 늦게 오는 사람을 적대시하는 일도 줄었다. '모두 사정이 있겠지, 바쁘니까' 하며 자신도 상대도 이해해주게 되었고, 즐거운 마음으로 일할 수 있게 되었다.

타인에게 허락을 받아보자

'안 돼'라는 금지는 괴롭고 무서운 생각이 들었을 때, 자기를 지키기 위해 만든 고정관념이다. 그래서 마주하는 데 상당한 용기가 필요하다.

스스로 내린 '안 돼'라는 금기를 깨는 일이 허용되지 않을 때는 다른 사람에게 허락을 받아본다.

동료에게 '이 일로 불편을 줄지도 모르는데, 괜찮을까?' '회의에 늦어도 될까?' '함께 야근해줄래요?'라고 묻는다면 대개 '좋아!' 내지는 '그러죠!'라고 대답할 것이다. 그러면 업무상 조금은 안심하며 도움을 요청할 수 있게 된다. 동료의식도 더욱 끈끈해질 것이다. 대신에 자기 요청을 흔쾌히 승낙해줄 만한 사람을 골라야 한다. 【비관】【반항】이 강한 사람은 쉽게 승낙해주지 않는다.

【안돼 파】에서 빠져나오려면

•【비관형】인 당신에게

겁이 많고 누군가와 함께 있는 게 익숙하지 않으므로 우선 작은 일이나 자기만의 범주에서 해낼 수 있는 '안 돼' 계명을 깨보자. 예를 들어 '쉬면 안 돼'라고 생각하는 사람이 유급휴가를 내보기처럼 말이다.

•【반항형】인 당신에게

자기가 만든 금지사항을 마치 절대 '정의'인 양 착각하고 있다. 사람은 '바름'을 내걸면 상대를 벌해도 좋다는 권리가 생긴 듯한 기분이 들면서 자기에게 둔 금지사항을 상대에게까지 적용한다. '저 사람과 나는 관계없다' '내가 내 의지대로 금지를 조금씩 풀려는 거야'라는 마음으로 시작해보자.

03
'열등감' 내려놓기

【못해 파】의 주요 계명

모든 일을 남과 비교해서 '이것도 못해, 저것도 못해'라며 남보다 자기를 열등하게 느끼고 끊임없이 만류하는 것이 【못해 파】이다. 이는 '뒤떨어져서는 안 된다'라는 【안돼 파】에 속하지만, 중요하므로 다른 교리로 구분하겠다.

주로 못하고 없다고 생각하는 건, 다음의 네 가지이다.

① 업무, 능력 : 성과, 업무기술, 감각, 소통력, 리더십이 없다 등
② 인간관계 : 인기, 매력, 인맥이 없다, 동료와 친구가 적다 등
③ 물건이나 처지 : 학력, 지위, 자격, 돈, 행복한 가정이 없다 등
④ 건강 : 건강하지 않다, 지병이 있다, 장애가 있다 등

이러한 생각들은 타인이나 형제와 과도하게 비교하거나 자기가 열등하다고 생각하면서 만들어진다. 서장에서도 언급했듯이 직장인들의 고민은 대개 '인간관계'이다. 그러나 인간관계가 정리되고 상대는 자기를 위협하거나 비교하는 대상이 아니라는 것을 알게 되면 거의 모든 고정관념은 사라진다.

사실 열등감은 나쁘지 않아

자기긍정감이 낮은 사람에게는 반드시 열등감이 있다. 게다가 열등감이라는 말은 뉘앙스도 썩 좋지 않아서 꺼리는 사람도 많지 않을까 싶다.

그러나 열등감은 '성장을 위해 필요한 감정'이다.

원래 인간은 자연계에서 열등한 생물이었다. 사자처럼 날카로운 이도 없고, 혹한기에 몸을 지킬 두꺼운 모피도 없었다. 인간은 '열등하다' '나약하다'라는 감각이 생기자, 이를 극복하기 위해 다양한 '지혜'를 발달시켜왔다. '도구'를 만들어서 부족한 부분을 채우고, '언어'로 소통하며 깨달은 지혜를 후세에 전달할 수 있게 되었다.

애초에 자기들이 열등하다고 생각해서 뛰어난 것, 아름다움을 향한 욕구가 샘솟았고, 마침내 '예술'이 탄생하였다. 열등하다 보니 의지하려고 만들어낸 개념인 '신'을 통해 '종교'가 완성되었다. 이렇듯 인간의 문화는 '열등감'이 만들어낸 것이나 다름없다 (물론 '욕구'도 그렇다).

현대를 사는 우리도 경쟁자에게 뒤떨어지지 않으려고 노력하고 훈련하며 공부한다. 동료에게 패배하고 억울한 마음에 노력하여 영업성적을 향상하는 예도 그렇다. 인간 이외의 동물에게는 '열등'하다는 감정이 없다(강약과 상하는 있지만). 열등감이 있는 인간이기에 진보하고 발전해왔는지도 모른다.

'열등감'과 '열등성'의 구별

그렇다면 '열등감'이란 무얼까.

단어 그대로 풀이하면, 남보다 '뒤떨어진다고 느끼는 것'이다. 반면에 자주 듣는 말은 아니지만, '열등성'이라는 말도 있다. 열등성이란 '생활상에서 불리하게 기능하는 객관적인 속성'을 뜻한다. 조금 어렵게 느껴질 수도 있겠다.

예를 들어, 신체적 부자유는 명확한 '열등성'에 해당한다. 일반적으로 지칭하는 질병이나 장애도 모두 '열등성'으로 분류된다.

'돈이 없다'라는 것도 사회적으로는 열등성에 속하며, '소통능력이 부족하다' '숫자에 약하다'와 같은 요소도 '열등성'으로 분류된다.

이 말을 듣고 '내 이야기'라며 매우 속상해하거나 수치심으로 고통을 호소하는 분도 계실 것이다. 지금 여러분이 느끼는 그 감정이야말로 '열등감'이다.

사회나 직장 테두리 안에서 살아가는 이상, '열등성'이 있는 사람이 '열등감'을 느끼는 건 어떤 의미에서는 어쩔 도리가 없는 일이다. 하지만 심리상담을 통해 나는 많은 분이 '열등성'과 '열등감'을 같은 뜻으로 혼동한다고 느꼈다. 나 역시도 그랬다. 우선은 두 단어를 구분하여 생각해보자.

누구에게나 다양한 '열등성'은 있지만, '열등감'을 가질 필요는 없다.

'열등감'과 '우월감' 비교

'우월감'과 '우월성'이라는 말도 있다.

'열등성'과 반대로 '건강하다' '부자다' '업무능력이 뛰어나다' '기억력이 좋다'와 같이 생활상 유리하게 기능하는 객관적 속성을 '우월성'이라고 한다. 다만 열등성과 열등감과는 달리, 우월성과 우월감은 그다지 혼동되는 용어가 아니다.

겸손을 미덕으로 여기는 나라에서는 대놓고 우월성을 드러내며 우월감을 표현하는 사람을 기피 대상 1호로 여긴다. 본디 우월감이라는 말 자체가 썩 듣기 좋은 말은 아닐뿐더러, 우월감을 과시하며 우위에 서려는 사람을 【반항형】이라고 부른다(103페이지 참조).

즉, 단순히 '우월성'이 곧 '우월감'은 아니다.

그러면, '열등성'이 있으니까 '열등감'을 느낀다는 것도 지나치게 단순한 논리가 아닐까.

직장 내 괴롭힘을 일삼는 상사는 열등감을 자극한다

지인 중에 우울증 때문에 휴직한 사람이 있었다. 상사로부터 '부하직원과 소통 부재'를 이유로 거의 매일같이 퍼붓는 폭언과도 같은 말을 들으며 버티다가 결국 우울증에 걸렸기 때문이다. 상사에 맞서고 【반항】하며, 매일 '저 사람이 어떻게 됐으면 좋겠다'라고 속으로 삭이고 삭이다가 결국 심적 고통으로 쓰러져 버렸다. 지금은 우울증을 이겨내고 돌아와 직장에 복귀한 지인은

사람을 끌어당기는
자기긍정의 힘

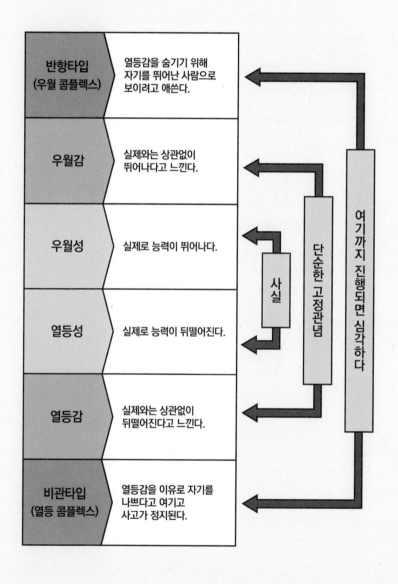

열등성·우월성은 '사실' / 열등감·우월감은 '고정관념'

반항타입 (우월 콤플렉스)	열등감을 숨기기 위해 자기를 뛰어난 사람으로 보이려고 애쓴다.
우월감	실제와는 상관없이 뛰어나다고 느낀다.
우월성	실제로 능력이 뛰어나다.
열등성	실제로 능력이 뒤떨어진다.
열등감	실제와는 상관없이 뒤떨어진다고 느낀다.
비관타입 (열등 콤플렉스)	열등감을 이유로 자기를 나쁘다고 여기고 사고가 정지된다.

사실

단순한 고정관념

여기까지 진행되면 심각하다

이렇게 말한다.

"그때 나는 왜 그렇게 화가 났을까?"

음악을 좋아하여 혼자 CD를 즐겨 듣던 지인은 착하고 내성적인데 반해 그의 어머니는 밝고 사교적인 분이었다. 어머니는 '친구를 많이 사귀어라'며 지인을 자주 교류 장소에 데려가곤 했다. 그러나 사람들을 앞에 두고는 '우리 애가 너무 소극적이라서'라고 소개하는 통에 매우 창피했다고 한다. 어머니야 자식 잘되라고 한 말이지만, 지인에게는 강요처럼 느껴졌고 서서히 '나는 안돼'라는 생각이 뿌리 깊게 내렸다고 한다.

지인은 음악을 좋아하는 취미를 살려서 악기제조회사에 취직했는데, 하필이면 상사가 막말하는 사람이었다. 천성적으로 착한 지인은 상사의 강압적인 태도를 꾹 참아냈다. 그러던 어느 날 마침내 상사가 지인의 '뇌관'을 건드리고야 말았다. '소통하지 못한다'라는 강한 열등감을 말이다. 물론 상사는 고만고만한 【반항형】으로 부하직원을 위한다는 마음으로 던진 한마디였을 것이다.

'부하직원들과 어울리지 못하는 성격을 개선해야 제대로 된 매니저가 될 수 있다'라면서.

지인에게 소통은 어머니에게 실망을 안겨준 괴로운 기억을 소환하는 '약점'이었다. 약점을 계속 지적당하던 지인은 결국 【반항]하며 폭발하고 말았다. 그 이후 상사와의 진흙탕 싸움이 시작되었고, 결국 패배하고 우울증으로 직장을 쉬어야 했다.

지인은 지금 이렇게 말한다.

"내가 나를 쓸모없다며 줄곧 부정해왔기에 상사에게 과도하게 반응한 건지도 모릅니다. 지금은 내 소통력이 썩 나쁘지 않다는 걸 깨달았습니다. 주변에서 '경청의 달인' '충고 잘 해주는 사람'이라는 소리를 들을 정도니까요. 내게는 나만의 삶이 있고 음악에 대한 애정도 있습니다. 직장에서도 그 부분을 높이 평가해주고 있습니다."

자신의 우월성에 눈뜨자

열등감이 강한 사람은 열등성에만 주목하여 자기에게 '우월성'이 있다는 걸 모른다. 열등감 때문에 자기가 뛰어나다고 생각하지 않으니까 매력이나 능력조차도 봉인해버린다.

예를 들어, 업무능력이 뒤떨어진다는 열등감이 있는 사람이 자료를 말끔하게 정리해왔길래 잘했다고 칭찬하면 '아닙니다, 제 일도 잘하지 못하는데요'라며 부정적인 반응을 보이는 경우가 많다. 이는 자기의 우월성을 보지 못하는 【비관형】의 전형적인 특징이다.

 당신의 우월성은 대부분 '잘하는 것'이나 '좋아하는 것'에 잠들어 있다.

 '잘하는 것'은 잘하니까 너무 당연하여 가치가 있는지조차 의식하지 못한다. 사소한 일이라면 더욱 그렇다. 또, '좋아하는 일'은 업무와 직접 관계가 없는 경우가 많으니까 대개 '취미'라며 우월성으로 꼽지 않는다. 하지만 차근차근 작업할 줄 안다거나 자료수집이 취미라는 요소도 우월성 면에서 보면 뛰어난 능력이다. 미소로 주변을 활기차게 하며 존재 자체로 위로되는 사람도 직장에는 필요하다. 이런 사람들이 눈에 띄는 우월성이 있는 사람들을 받쳐준다. 이렇게 자기는 모르는 자기의 장점은 주변 사람을 통해 '칭찬'이라는 형태로 전해진다.

 예전에 내가 다니던 직장에 여직원이 새로 들어온 적이 있었다. 그녀는 항상 자신이 없어 보였고, 동료들과도 잘 어울리지 못했으며, 업무처리도 능숙한 편이 아니었다.

 그러던 어느 날 내가 프레젠테이션 자료를 작성해달라고 부탁했더니, 도표에다 자기가 만든 일러스트까지 삽입하여 군더더기 없이 깔끔하게 완성해온 것이다.

 "○○씨, 자료를 잘 만드는 사람이었네"라고 소감을 전하자, "아닙니다, 겨우 이 정도밖에 안 되는걸요" "여러분께 도움이 못

돼서…"라고 대답했다.

내가 웃으며 "아냐~ 정말 잘했어! 이 정도면 독립해도 되겠는 걸! 파워포인트 전문업체라도 내는 게 어때?"라고 말했더니, 그녀도 조금은 마음이 누그러졌는지 동료들에게 자료라면 자신이 만들겠다, 언제든 맡겨달라, 하며 적극적으로 표현하는 것이었다. 그러자 관련 업무가 전부 그녀에게 집중되었고, 모두에게 필요한 존재가 되었다. 동시에 그녀도 자기에게 부족했던 부분은 동료들에게 도움을 청할 수 있게 되었다. 다른 업무도 점차 익숙해지며 그녀는 활기차게 직장생활을 하게 되었다.

칭찬에는 '감사'할 것

조금 딱딱하게 들릴지 모르지만, 모처럼의 칭찬을 받아들이지 않는 것은 상대에 대한 '모욕'이다. 그런 식으로 여러분은 지금까지 자기뿐 아니라, 자기를 칭찬한 동료까지도 부정하며 잃어온 것이다.

칭찬받으면 반드시 '고맙다' 하며 받아들이자.

이렇게 쉬운 일이지만, 칭찬받는 데 익숙하지 않은 사람은 칭찬해도 알아차리지 못하고 '고맙다'라는 말도 처음에는 매우 어색해한다. 자기를 향한 칭찬을 받아들이기 시작하면 상대도 칭찬하게 된다. 사람은 받은 만큼 되돌려주고 싶어 하기 때문이다.

"어머, 멋지네요!"라는 말을 들으면 "고마워요, 당신도 이런 부분이 너무 근사해요!"라고 대답하자. 감사를 주고받으면 자기긍정감은 더욱 향상된다.

'우쭐해지면 안 된다'고? 그렇게 겸손하지 않아도 된다. '고맙다'라는 말은 상대뿐 아니라 자기를 위한 말이기도 하기 때문이다.

'열등성'은 상대에게 봉사하는 기쁨을 주는 능력

'열등성'과 '우월성'은 다음처럼 서로서로 채워주는 관계이다.

'우월성'은 '열등성'이 있는 사람을 돕기 위해 있는 능력이다.

'열등성'은 '우월성'이 있는 사람에게 도움을 받고 보람을 주는 능력이다.

사람은 사람에 도움이 되는 일, 즉 '봉사'할 수 있는 자기를 멋지게 생각하며 자랑스러워한다. 그러므로 '열등성' '열등감'이 있다고 비하할 게 아니라, 있는 그대로 드러내면 된다. '도와달라' '의지하게 해달라'고 말하면 된다.

이렇게 깨달은 자기의 '우월성'을 적극적으로 이용해서 남을 도

우면 된다. 그러면, 모두가 서로를 위해 제 역할을 하면서 자기 가치를 알아가는 세상이 찾아온다. 따라서 열등하다고 느끼는 당신부터 '열등성'과 '열등감'을 점점 드러내고 사용하기 바란다.

숨기지 말고 드러내자

숨기려고만 드니까 고통스러운 게 열등감이다. 한번 숨기기 시작하면 계속해서 숨겨야 하니까 힘겨울 수밖에 없다. 열등감은 '드러내는 것'이다. 빨리 드러내는 사람이 이긴다.

예를 들어 당신이 새로운 프로젝트팀에 소속되었다고 가정하자. 사실 당신은 '숫자 다루기'가 영 체질에 맞지 않다. 하지만, 자기의 약점을 드러내는 것이 '수치'이고 '무서워서' 입 밖에 꺼내지 않는다. '말하면 안 된다([안돼 파])' '노력해서 극복해야 한다([힘내 파])'라고 생각한다.

드디어 신규 프로젝트에서 업무를 분담할 때가 왔다. 당신은 '숫자 관리만큼은 내게 안 왔으면…' 하고 간절히 기도하며 지켜본다. 하지만 모두가 주목받는 일만 하고 싶어 하므로 숫자 담당 같은 일은 이리저리 치이다가 결국 당신 앞에 놓이게 되었다. 결국, 머리를 싸매고 숫자와 대치하는 하루하루가 반복된다.

'난, 역시 운이 없나 봐…' '일도 힘들고 재미없어' 하며 일하다가 실수하고 불려가서 혼났다는 분들이 많을 것이다.

이런 경우 해결책은 굉장히 간단하다.

"전요, 돈 계산을 정말 못하거든요!"라고 먼저 약점을 드러낸다.

그러면 "아, 그래? 그럼, 자네에게는 다른 일을 맡기지…"라며 자기중심으로 이야기가 움직인다.

'회피하는 게 아닌가?' '자기 생각만 해서야!'

회피하는 것도 아니고 이기적인 행동도 아니다.

왜냐하면, 못한다는 사람에게 억지로 일을 시키려는 사람은 없을뿐더러, 숫자라도 틀렸다가는 오히려 문제가 커지기 때문이다. 그래서 못하면 못한다고 신고하는, 즉 드러내는 일은 매우 중요하다. 특히, 못한다고 자진해서 손을 들면 '제가 잘하니까 제가 할게요!'라는 사람이 나타난다. 솔직하게 고백하는 사람은 주변에서 적극적으로 도와준다. 약점과 강점이 만나서 서로 채워주는 것이다. 그리고 도움을 준 쪽도 기뻐한다. 그러니까 '죄송합니다'가 아닌 '고맙습니다'라고 받아들일 수 있다면 모두가 행복해진다.

모두, 당신이 약점을 드러내지 않으니까 갈팡질팡하는 것이다.

인생에서 뽑기 운도 없다, 복도 없다는 사람이 대개 이렇다.

사람은 열등감으로 사랑받는다

열등감이 있다는 건 대개 상대도 눈치를 챈다. 숨길 필요도 없고, 이야기한다 해도 '으응, 그래서?'라는 대답이 돌아온다. 괜한 걱정일 뿐이다. 열등감을 이야기하거나 드러내거나 하면 굉장히 편해진다. 처음에는 두렵고 저항감도 있겠지만, 점점 익숙해지면 크게 신경 쓰이지 않는다. 약점을 드러내면 '아냐, 당신한테는 이런 장점도 있잖아!'라며 알려주기도 한다. 이런 과정이 반복되는 동안 어느 날 주변을 돌아보면 자기를 받아들여 주는 내 편과 동료가 하나둘씩 생겨난다.

'나약한 자신을 인정할 수 있는(긍정할 수 있는) 사람'이야말로 진짜 용기가 있고 멋진 사람이다. 열등감에서 도망치면 【반항】이나 【비관】 중 한쪽 길로 가게 된다. 주변 사람들은 조금 못하고 부족하고 잘 안 되는 부분이 있는 사람에게 친절하게 다가와서 도와주고 싶어 한다. 이런 사람들에게는 친근감이 샘솟으니까.

【못해 파】에서 벗어나려면

•[비관형]인 당신에게

우물쭈물하며 "저, 일을 잘 못해서요…"라는 등, 열등감을 동정해달라는 게 버릇이 되어있을 수도 있다. 그렇다면 '열등감 드러내기'보다 먼저 누군가 도와주면 '고맙다'라는 감사 표현을 적극적으로 사용하여 상대와의 관계를 다시금 세워보자.

•[반항형]인 당신에게

열등감이 친근감을 낳는다고 생각하지 않으며, 장난치거나 하면 불같이 화를 낸다. 오히려 '잘 갖고 놀다가 제자리에 돌려놓아라'는 정도로 여유롭게 대처한다. 여차하면 싸울 준비가 되어있어서 열등감이 자극받을라치면 상대를 때려눕혀서라도 이기고 싶어 한다. 자기가 먼저 약점을 보이고 '일부러 진다' 내지는 '지는 게 이기는 것이다'라는 생각으로 열등감을 드러내 보자. 신뢰할 수 있는 상대부터 조금씩 실천해보자.

사람을 끌어당기는
자기긍정의 힘

04
'완벽주의' 내려놓기

【힘내 파】의 주요 교리

【힘내 파(해내야만 해 교)】는 나는 '안 되니까' '못하니까'라며 그런 자기를 개선하려고 'OO해야 해, OO하지 않으면' 등의 엄격한 규칙을 세우고 자기를 통제한다.

자신을 '개선해야 할 존재'라고 생각한 순간, 자기는 '틀렸다'라는 것이고 이 자체가 자기부정이다.

또, 자신을 '이대로는 부족'하다고 평가하므로 '더욱' 채찍질한다.

【반항형】은 부족한 부분을 채우려고 과도하게 노력하며 【비관형】은 그렇게 하지 못하는 자기는 안 된다고 억누른다. 이렇게 자기가 무너뜨린 자기 마음의 토대에 조건을 쌓기 위해 끊임없이 노력하는 자승자박 상태에 빠지게 된다.

여기에도 다양한 고정관념이 존재하지만, 간단히 말하면, 다음과 같은 말들로 자기를 부추긴다. 대개 어려서부터 부모님께 자주 듣는 말이다.

- 더욱 '확실히' ○○해야 해/하지 않으면(완전히, 열심히)
- 더욱 '똑바로' ○○해야 해/하지 않으면(정신적으로 강하게)
- 더욱 '제대로' ○○해야 해/하지 않으면(정연하게, 틀림없이)
- 더욱 '빨리' ○○해야 해/하지 않으면
- 더욱 '도움이' 되어야 해/하지 않으면
⇒ 그래서 더욱 '노력해라!'(과도한 노력)

참고로, 우울증세가 있는 사람에게 '노력하라'는 말은 금기어이다. 즉, 우울하다는 상태는 【힘내 파】가 가는 길 끝에 있다고 생각한다. 나의 개인적인 경험도 포함해서 하는 말이다.

'완벽주의'란 완벽해지지 않는 병

결국 【힘내 파】는 언제 어디서든 끝없이 완벽을 추구하는 '완벽주의자'이다. 실제로 완벽을 추구하는 것은 나쁘지 않지만, 완벽주의라는 말에는 '좀 지나친 게 아니냐'라는 뉘앙스가 풍긴다.

'완벽주의'를 추구하는 사람은 얼핏 보면 자기를 통제하며 더 높은 곳을 지향할 정도로 대단하고 굉장하게 보이지만, 지나치게 '완벽'을 추구하다 보니 자기에게도 주변 사람에게도 엄격하게 대하게 된다.

나도 주변에서 완벽주의자라는 말을 자주 들었다. 비꼬는 분도 있었다. 몸이 망가질 정도로 무리하게 일하기도 했고, 노력하지 않는 부하직원이나 동료를 보면 괜히 다가가서 괴롭히곤 했다(다만, 노력하지 않는 상사는 마음속으로 저주하는 겁쟁이였다).

'완벽주의자'란 '완벽'이 목표인 사람이 아니라, '불완전한 자기를 인정하지 못하는 사람, 즉 겁쟁이'다. 자기의 '결핍감' '열등감' '무용지물'과 같은 마음의 구멍을 메우기 위해 지나치게 '완벽'을 추구하게 된다. 우리는 인간이다. 인간은 원래 '완벽'하지 않다. 그래서 '주의(主義)'에 머무르고 있는 것이다.

'전요, 정말 못하거든요'

완벽주의자는 언제나 자기에게 부족한 점만 찾아서 '아직도 부족하다' '더, 더, 더'라고 채근한다. 아무리 가도 도달할 리 없는

'완벽'이라는 100점 상태에서 감점하면서 '아직 97점이다' '아직도 3점이 모자라다'며 절대 채워지지 않는 점수 때문에 자신이 없어 한다.

또 '적당히'라는 생각 자체가 이해되지 않아서 자기에게도 타인에게도 점점 엄격해진다. 무슨 일이든 100점을 추구한대서야 자기도 주변도 피폐해진다. 업무에서 진짜로 필요할 때 완벽주의를 발휘하면 된다.

가끔 '아뇨, 전요, 정말 못하거든요'라는 사람을 보는데, 그런 사람이야말로 완벽주의자일 가능성이 크다. 완벽주의란 실제 행동이나 성과와는 전혀 상관이 없다. '저는 늘 노력해야 합니다'라고 자기를 몰아세운다면 그것이 바로 완벽주의다. 이렇듯 숨은 완벽주의자가 아닌지, 자신을 한번 돌아보기 바란다.

나쁜 인내라면 얼른얼른 내려놓기

【힘내 파】인 분은 대개 참을성이 있어서 인내와 노력을 혼동한다. 참을성도 나쁘지 않지만, 참을성에는 '좋은 인내'와 '나쁜 인내'가 있다.

'좋은 인내'는 인내 후의 "목표한 바"가 명확하고, "자기 의사"

로 '지금은 참는' "일시적"인 것이다.

　'나쁜 인내'는 인내 후의 "목표한 바"가 없이 "남의 시선이나 세상" 때문에 막연히 "언제나" 그렇듯이 참는 것이다.

　이들은 자기 생각대로 살아가기보다 타인의 시선을 신경 쓰며 주변에 맞추거나, '보통' '상식' '정의'와 같이 고정된 생각을 바탕으로 참으며 살아가는 게 편하다. 하지만, '나를 소중히, 행복하게 한다'라는 '의사' 없이 인내하면 언젠가 틀림없이 파탄 나고 만다. 점점 초조해지며 몸은 망가지고 가는 길은 순탄치 않게 된다. 자기를 위한 인내가 아니다 보니 타인에게 분노가 샘솟고 공격하고 싶어진다.

　행복이란 목적지가 아니라 여정이다. 따라서 '인내' 끝에 행복이 있는 게 아니라 '인내' 자체도 행복이다. 진짜 '좋은 인내'라면 그렇다.

정답이 아닌 진심을 찾아서

　'안 돼'라는 금지와 '해야 한다'라는 강제 때문에 인내하고 노력하며 자신을 꽁꽁 묶고 살아가다 보면 정답이 무엇인지 항상 생각하게 된다. '자기 의견과 생각'이 없어지고 '진심'은 온데간데

없이 숨어버리고 만다.

이럴 때는 자기에게 이렇게 질문해보자.

"나는 진짜로 어떻게 하고 싶은 걸까?"

처음에는 마음에 아무것도 떠오르지 않을 것이다. 그래도 반복해서 질문하는 습관을 들여야 한다. 그러면 정답인지 아닌지가 아니라, 다음과 같은 소리가 들려올 것이다.

'○○이 하고 싶다….'

그 소리는 '안 돼'에도 '해야 한다'에도 반대되는 내용일지 모른다.

'사실 이런 일은 그만두고 싶어!'

'직장을 쉬고 느긋하게 여행하고 싶어!'

'사실은 상사와 언쟁 없이 사이좋게 지내고 싶어!'

'나를 잘 살릴 수 있는 일을 하고 싶어!'

용기를 내어 '하고 싶다'라는 마음의 소리에 조금씩 따라보자.

도움이 되는 말 '이 정도면 됐어!'

완벽을 추구하는 성향 자체는 나쁘지 않다. 다만, 어려서부터 뿌리내린 고정관념이 아니라 자기 의사에 따라 완벽주의를 선택할 수 있어야 한다.

또, 완벽주의를 추구하는 사람은 '완벽주의를 완벽히 그만두자'라면서 그렇게 못하는 자기를 부정하는 악순환에 빠지기 쉽다. 이러한 악순환에서 빠져나오기 위해서라도 완벽주의인 사람에게 다음과 같은 말을 추천한다.

'이 정도면 됐어!'

지나치게 애쓸 때, 정신없이 몰두할 때, 불완전한 자기를 인정하지 못할 때면 기지개를 쭉 켜고 심호흡한다. 그리고 숨을 내쉬며 이렇게 말한다.

"이 정도면 됐어!"

이 한마디에 당신은 '완벽'이라는 지옥에서 벗어날 수 있다.

코웃음 치지 말자. 진짜로 도움이 되니, 한번 해보자. 반드시 소리 내어 말해야 한다. 마지막의 '어!'에서 숨이 빠져나가며 마음이 누그러진다.

【힘내 파】에서 벗어나려면

•【비관형】인 당신에게

【비관형】이라면 '원래 난 노력이 부족해'라고 생각한다. 반면

에 마음속으로는 '노력해야 해, 힘내자'라며 자기를 질타하고 격려한다. 해내지 못하는 자기를 끊임없이 부정한다. 지나치게 애쓰다가 연료 경고등이 켜지고 강제종료 되어 손가락 하나 까딱할 힘이 없는 상태를 '은둔형 외톨이' 혹은 '우울 상태'라고 한다. 그러니 우선 '이 정도면 됐어!'라고 자기를 허용하는 일부터 시작하자.

• 【반항형】인 당신에게

【반항형】이라면 고통스러워하면서도 노력하는 경우가 많다. 더욱이 이런 노력을 '당연하게' 여긴다. 타인에게 '너도 더 노력해라!'라고 분노하는 시점에 당신은 이미 【힘내 파】에 빠져든 것이나 진배없다. 누군가를 보며 초조해진다면 '나, 너무 애쓰고 있나?' 하며 일부러라도 쉰다. '일부러라도 쉬기'가 좀처럼 되지 않는 자기를 발견했다면, 이미 【힘내 파】라는 걸 잊지 말자.

3

■

칭찬받으면 반드시 '감사'하며 받아들이자.

겸손해하지 말자.

'감사의 말'은 상대뿐 아니라

자기 자신을 위한 말도 되니까.

■

자신의 약점을 솔직하게 드러내는 사람은 주변에서

적극적으로 도와준다.

그리고 도움을 준 쪽도 기뻐한다.

그러니까 '미안하다'가 아니라 '고맙다'라고 받아들이자.

그러면 모두가 행복해진다.

제4장

나를 긍정하고
상대도 긍정하는
7가지 방법

01
수직관계에서 수평관계로

지금까지 '자기를 긍정하는' 방법에 관해서 이야기했다. 자기부정이 줄어들고 마음의 토대가 단단하면 세상은 당신에게 점점 친절해진다. 이를 더욱 실감할 수 있도록 4장에서는 자기가 먼저 세상에 손을 내밀어서 '타인을 인정하는 방법'에 대해 이야기해보기로 한다.

회사에 가기 싫은 건, 거기가 '전쟁터'라서

사실 이 책은 일요일 저녁만 되면 '회사에 가기 싫다…'라며 일요병 증상을 호소하는 사람들을 위해 쓰기 시작했다. 이쯤에서 초심으로 돌아가서 당신이나 내가 왜 '회사에 가기 싫다…'라고 생각하는지, 다시 한 번 이야기해보자.

【반항형】과 【비관형】 사이에는 지배와 복종이라는 '수직관계'가 형성된다고 앞에서 언급했다. 수직관계란, 한쪽이 이기고 다른 한쪽은 지는 일종의 경쟁관계이다. 자기를 부정하면 상대도 자기를 부정하는 시선으로 바라보는 것처럼 느껴진다. 그래서 부정당하지 않으려고 늘 애써서 싸우고 지키려고 한다. 또 상대가 자기 마음의 '지뢰'를 건드리거나, 조금이라도 불친절하게 말을 걸어오면 '공격당했다!'라고 큰 소동을 피우거나(【반항형】), '나를 싫어한다'라며 주눅이 든다(【비관형】).

이렇게 되면 타인에게 휘둘리기 마련이다.

대관절 뭣 때문에 싸우고 있는 걸까?

맞다. '나를 긍정해달라' '인정해달라' '부정하지 말아달라'며 목청 높이고 있는 것이다. 이렇게 상대에게 요구하는 동안은 다툼도 계속된다. 자기 마음이 평온한지가 상대의 말과 행동에 달려 있다 보니, 자기가 서 있는 곳은 언제든 신체적 위협이 난무하는 '전쟁터'가 되어버린다.

그런데 하필 직장이 전쟁터라면 얼마나 가기 싫을까?

개중에는 싸우기를 좋아하는 사람도 있는데, 혹시 그런 사람이라면 이런 책 따위는 던져버리고 적군을 때려눕히러 나가자. 다만 본인이 당하지는 않으시기를.

여기까지 읽었다면, 자기를 긍정한다는 게 무엇인지 아셨으리

사람을 끌어당기는
자기긍정의 힘

라 생각한다. 그리고 회사에 가기 싫어지는 가장 큰 이유인 '인간관계'를 원만하게 하려면 '나를 긍정하고 상대도 긍정하는 길' 밖에는 없다고 1장에서 이미 말씀드렸다.

인간은 '사회적 동물'이라고들 한다. 사람은 안심되고 안전한 사회에 소속되었을 때 비로소 자기긍정감을 키울 수 있다. 위험한 장소에서는 자기를 지키는 데 여념이 없어서 자기긍정감을 돌아볼 여유가 없기 때문이다.

바로 지금 당신 곁에는 싸우지 않아도 안심되고 안전한 세상이 있다. 자기긍정감이 낮아진 지금은 자기를 지나치게 부정하니까 세상과 직장이 두려운 것이다.

그런 세상이 있을 리 없다고? 도저히 믿어지지 않는지?

직장에서 타인을 인정한다는 건, '동료의식을 통해 전쟁터에서 해방되는 것'이다.

직장생활이 순조로운 사람들은 긍정과 신뢰로 연결된 평화로운 '협력의 세계' 즉 '수평관계'에 있다. 이렇게 수평관계로 만들어진 세상의 존재를 믿어보자.

부장이 '귀찮다'라며 무시하는 과장

하지만, 직장에는 인정하기 힘든 상대가 한 사람씩 꼭 있다. 특히 【반항형】은 자기 힘을 과시하며 누구든 복종시키려 드는 탓에 받아들이기가 쉽지 않은데, 이쪽에서 성실하게 대면할라치면 싸움을 걸어온다.

나의 재직시절 이야기를 해보기로 하자.

내가 속한 부서는 B 씨가 부장으로 부임하면서 분위기가 살벌해지기 시작했다. B 부장은 늘 초조해하는 등 기분이 저조했으며 굉장히 대하기 힘든 사람이었다. 심지어 누군가가 의견을 내면 굉장히 언짢아하며 업무에서 배제한다거나 인사고과 점수를 낮게 주는 등 자기 맘대로였다. 착각 속에 빠져있는 전형적인 【반항형】이었다. 그 때문에 주변 사람들은 늘 그를 거스를까 전전긍긍했으며, 어느샌가 우리 부서원은 모두 예스맨이 되어있었다.

그런데 때마침 A 과장이 내 상사로 오게 되었다. 그는 자유롭고 세상일에 초연하면서도 누구에게도 겁을 내지 않았으며 자기 의견이 분명했다.

A 과장이 오고 나서 수개월이 지났다. 하루는 제 자리에 B 부장이 다가오더니 "A 과장은 또 어딜 간 거야? 회의해야 하니까 빨리 들어오라고 해!"라고 했다.

나는 서둘러 A 과장에게 전화를 걸어 "A 과장님, 큰일 났어요. B 부장님 화나셨습니다!"라고 전했다. 그랬더니 A 과장은 "어지

사람을 끌어당기는
자기긍정의 힘

간히 귀찮게 하는 분이네. 난 안 가"라며 툭 던졌다. '세상에 이런 사람도 있구나!' 하는 생각에 나는 뒤통수를 한 대 맞은 기분이었다.

그 후로도 A 과장은 B 부장의 지시를 하나도 따르지 않았다. 그렇게 반년이 지났고 A 과장은 결국 B 부장 손에 다른 부서로 이동해야 했다. 사실 A 과장에게는 다 계획이 있었던 모양이었다. 이동 당한 게 아니라 사내에서 정치력을 발휘하여 자기가 이동할 부서까지 마련해두고 옮겨 가게끔 했다고 한다. 그 이후, A 씨는 무서운 기세로 승진하더니 지금은 회사뿐 아니라 업계에서도 최고 대우를 받으며 이사직에 취임하여 즐겁게 일하고 있다.

몇 년쯤 뒤에 들은 풍문에 의하면 B 부장은 어처구니없는 실수를 일으킨 바람에 지방 어딘가로 좌천되었다고 한다.

이것이 자기긍정감이 낮은 B 부장과 자기긍정감이 높은 A 과장의 이야기이다. 타인을 OK 한다는 건, 깊은 자비심으로 무엇이든 허용하겠다는 식의 비현실적 이야기가 아니다.

타인을 OK 한다는 건, 그 사람과 싸우지 않는 것이다.

자기 가치관과 정의를 강요하며 상대를 재단하는 동안은 상대와 다를 게 없다. 물론, 의견도 나누고 대화도 해야 한다. 하지만 이쪽에서 먼저 성의를 보이며 다가갔는데 상대가 대등한 수평관계로 맞아주지 않는다면, '저 사람에게는 저 사람 처지와 생각이 있다' '나와는 성격이 맞지 않는다'라고 여기고 한 발 물러난다. 이것이 상대를 긍정하는 길이다.

적은 없다, '적대시'했을 뿐

　일면식도 없는 사람이 다가오더니 느닷없이 "넌 바보다!"라고 한다면 당신은 어떻게 반응할까?

　【반항형】은 글자 그대로 "야! 장난치지 마라!"라며 【반항】하려고 들 테고, 【비관형】은 "난 역시 멍청한가 봐"라며 실망에 빠질 것이다. 그러나 자기긍정감이 높은 사람, 즉 자기를 인정하고 타인을 긍정할 줄 아는 사람이라면 "그래, 당신은 그렇게 생각하는군. 나는 나를 바보라고 생각하지 않아"라고 받아들일 것이다. 이렇게까지 세상을 달관한 듯한 관점을 지니기란 물론 쉽지 않지만, 자기 바람대로 인생을 사는 사람, 타인에게 휘둘리지 않는 사람은 이렇게 살아간다. 나도 이렇게 살아가고 싶다.

　언제나 주변에 '적'으로 가득한 사람이 있다. 직장 상사가 영 불편하다는 사람도 꽤 있다. 웃을 일은 아니지만, 아내나 남편이 '원수' 같다는 사람도 많다.

사람을 끌어당기는
자기긍정의 힘

그런데 그 사람은 정말 '적'이 맞을까?

'적'이란 공격해온다고, 또 위해를 가한다고 '자기가 생각하는 사람'이다.

이거야말로 당신의 착각이 아닐까?

속마음을 들켜버린 창피함을 '분노'로 맞바꾼 건 아닐까?

기대했던 만큼 자신을 인정해주지 않는다고, 혹은 알아주지 않는다고 원망하고 있는 건 아닐까?

자기 가치관과 다르다고 자기 멋대로 '적'이라고 낙인찍은 건 아닐까?

어쩌면 상대는 '적'이 아니라, 당신이 '자기 보호'나 '자아' '고정관념'에 따라 '적대시'할 뿐인지도 모른다.

그런데도 '정말 아냐, 날 공격했다니까!'라고 여겨지는 때도 있다.

하지만, 잠시 돌이켜보자.

예를 들어, 처음에 무언가 어긋나거나 착각해서 당신이 상대를 '적대시'했다고 치자. 그러면 '적이다! 공격이다!(분노)'라며 당신 안의 【자기방어군】이 자기를 방어하기 위해 반격을 시작할 것이다. 만일 상대에게 '공격'할 의도가 없었다면, 당신의 방어적인 행동을 '적이다! 공격이다!(분노)'로 간주하여 상대가 가진 【자기방어군】도 방어를 위한 반격을 시작하게 된다.

이렇게 주고받으며 '공격받았으니까, 갚아주는 것'이라고 생각한 건 아닐까?

이러한 자기방어를 위한 공격은 감정이 뒤섞인 진흙탕 싸움으로 번져서 이성이 개입할 여지마저도 없애고 만다. 바로 당신 눈앞에서 벌어지고 있는 '전쟁'이며, '적대시'하는 상대일지도 모른다. 물론 상대에 철저히 맞서며 분이 풀릴 때까지 두들겨 패도 되지만, 결국 당신도 피폐해지고 누구에게도 해피엔딩은 되지 않는다.

그래서 더욱 쉽지는 않겠지만, 평화를 바란다면 당신부터 상대를 '적대시'하지 말아야 한다.

말은 쉽지만 두렵기는 매한가지다. 상대가 공격해온다고 느끼면서도 반격하려던 정의며 권리도 포기해야 한다. 하지만 만약 세상 모든 전쟁이 서로를 '방어'하기 위해 벌어진다면, 당신은 스스로 '부정당하는 사람이자 보호받아야 할 사람'이라고 생각하는 게 된다. 즉, '겁쟁이'라는 뜻이다.

그래도 괜찮다. 당신은 가치 있는 사람이니까.

싸움을 끝내는 것도, 용기를 내는 것도 당신이다.

【비관】이나 【반항】에서 벗어나서 자기긍정감을 높일 수 있는 것도 당신뿐이다.

'싸움은 비슷한 사람 사이에서 벌어진다'는 말을 꼭 기억하시기 바란다.

02
먼저 상대의 기분에 '공감'한다

공감은 인간관계의 절대 법칙

세상에는 타인과 좋은 관계를 맺는 방법을 소개한 책이 밤하늘에 뜬 별만큼이나 많다. 버거운 상황에서 벗어나고 싶었던 나도 수없이 읽었다. 그리고 지금, 심리상담사까지 된 내가 우호적인 인간관계를 위해 최고라고 생각했던 유일한 절대 법칙이 있다.

바로 '공감'이다.

공감은 '함께(共)' '느낀다(感)'라는 뜻이다. 상대와 싸우고 있고 상대에게 위협받는 기분인데 '함께 느끼기'란 거의 불가능하다. 고민스럽거나 상처받았을 때 누군가 자기 이야기에 귀를 기울여주면 마음이 한결 편해진다. '공감'해주면 '날 이해해주는구나!'라는 생각에 마음이 기쁘고, 안도하게 된다. 이렇게 상대와의 신뢰 관계는 무엇이든 상대의 말에 '공감'하는 일에서 시작된다.

공감과 동의에 대해서

'저렇게 난폭한 상사가 공감할 리 없지!'

이렇게 생각하는 것도 당연하다.

다만 한 가지, '공감'은 해도 '동의'까지는 안 해도 된다는 점을 명심하자.

타인의 의견에 '나도 그렇게 생각한다'라는 대답은 공감이 아니라 '동의'이다. 공감이란 상대가 그러한 마음이나 생각이 있다는 점을 이해하고 긍정하는 일이다. 자기 의견과 달라도 괜찮다. 그저 '당신이 그렇게 생각하는 것도 이해합니다. 다만 제 생각은 이렇습니다.'라고 자기 의사를 전달하면 된다.

그런데 공감과 동의를 혼동하면 상대와 의견이며 가치관이 맞냐 안 맞냐, 흑이냐 백이냐, 네 편이냐 내 편이냐라며 시시비비를 가리게 되며 직장동료들이 온통 적으로 보이게 된다. 일상적으로 공감과 동의는 의미가 중복되어 사용지만, 이 책에서 공감은 '이해와 긍정'이라고 정의한다.

'공감'할 때 가장 중요한 점은 '당신의 입장이 되면 안다!'라는 것이다.

'당신의 입장'이란 직함이나 책임, 업무 등 상대를 둘러싼 상황을 가리키는데, 이 책을 읽은 분이라면 '이 사람은 자기를 부정

사람을 끌어당기는
자기긍정의 힘

하는지도 모른다' '사랑도 인정도 받지 못해서 겁내고 있을지도 모른다' '그래서 【반항】하거나 【비관】하는지도 모른다'라는 부분까지 신경을 집중해보시기 바란다.

여기까지 해냈을 때 비로소 이 사람에게 '공감'이라는 '긍정'이 필요하구나, 하는 점을 알게 된다.

또 '동정'도 공감과는 매우 다르다. 동정한다면 그렇게 나쁘게 보이지 않지만, '마치 내려다보듯이 상대를 애처롭게 여긴다'라는 의미가 포함되어 있다.

【비관형】에 '동정'하면 그의 위에 서게 되어 끊임없이 '동정'이라는 에너지를 빼앗긴다. 상대도 자기도 인정하는 길은 결국 '공감'밖에 없다.

'그랬군요, 이해해요'라고 말해보기

그렇다고 공감하기란 쉽지 않다. 자기긍정감이 낮아지고 자기에게 엄격해졌을 때는 특히 힘겹게 느껴진다. 이럴 때는 이 문장만 말하면 된다. 이 말은 내가 존경하는 실업가 사토 히토리 씨의 일화에서 배웠다.

"그랬군요, 이해해요."

"그랬구나, 이해해!"

만약 부하직원이 "업무상 압박감이 상당합니다…"라며 하소연한다고 가정해보자.

상사인 당신은 일부러 믿고 맡겼는데, 그렇게 큰일도 아닌데, 책임감은 이쪽이 더 큰데, 딱히 한 것도 없지 않으냐며 내심 '울컥'할지도 모른다. 그래도 좋은 상사라면 마음을 가라앉히고 부하직원에게 "아냐, 자네라면 할 수 있어!"라며 격려할 것이다.

그러나 부하직원은 지금, 하소연할 정도로 자기긍정감이 낮아져 있다. 부하직원이 【반항형】이라면 상사의 말에 '역시 이해하지 못한다'라고 생각할지 모른다. 【비관형】이라면 '역시 내가 능력이 없어서야…. 더욱 노력해야 해. 더는 상사에게 의지할 수 없어…'라며 꾹꾹 누르고 버티다가 폭발할 때까지 아무도 모르는 지경에 이를지도 모른다.

이러한 부하직원에게 대답할 때 첫 단어로 '공감'을 넣어보면 어떨까.

"그랬구나, 충분히 이해해." ⇐이러니저러니 하지 말고 일단 이렇게 말한다.

"나도 처음에는 압박감에서 헤어나지 못했어." ⇐이렇게 말하면 왠지 좋은 문장이 이어진다.

"얼마나 겁이 나던지, 혼자 화장실에서 벌벌 떨었을 정도야."

"그러니 그 기분 알아." ⇐다시 한 번 공감

"언제든 의논하러 와도 돼, 이렇게 하소연해도 되고." ⇐긍정
과 협력

"자네라면 할 수 있어. 노력해봐." ⇐마침내 격려의 말

순식간에 【반항형】도 【비관형】도 수긍할 만한 문장이 되었다.
복잡하게 생각하지 말자. 우선 '알고 있다'라고 말해보자. 그러
면 저절로 상대를 이해하는 사고체계가 갖춰진다.

자기에게 공감하기

공감이란 상대를 이해하고 마음과 생각을 긍정해주는 일이다.
그렇다면 당신은 자기에게 공감할 수 있는가?

3장에서 언급했듯이, 수많은 부자연스러운 고정관념과 가치
관으로 자기를 속박하면서도 정작 자기에게는 공감하지 못한
다. 자기에게 '공포' '불안' '힘겨움' '초조함'과 같은 기분이 들어
도 완전히 무시한다. 자기에게 '응석 부릴 수 없다' '더욱 노력해
야 한다' '스스로 해야 한다' '못 하겠다…'와 같은 말만 한다면

앞만 보고 나아가는 데 쓸 에너지가 생기지 않는다. 자기에게 다가서지도, 자기를 이해하지도 인정하지도 못하는 건 당신 자신이다.

그래서 '무섭지? 불안하지?' '이해해' 하며 자기의 기분에 '공감(이해)'해 본다. 그러면 '아자, 아자, 아자! 할 수 있어!'라며 마침내 고개 들어 앞을 바라볼 수 있게 된다.

자기가 자기를 알아준다. 자기가 자기의 동료로 있어 준다.

이것이 가능한 사람만이 마음의 평화를 얻을 수 있다. 타인의 기분을 헤아리며 '그랬군요, 이해합니다'라고 진심으로 '공감'할 수 있게 된다. 하지만, 자기긍정감이 낮은 사람이 자기를 긍정하기란 사실 녹록지 않다. 그래서 '타인을 공감하고 인정하는 일'이 얼마나 효과적인지 실감하고 자기를 향한 공감이 얼마나 소중한지 느꼈으면 좋겠다.

자기에게 주어진 인간관계에 대한 모든 과제가 자기를 인정하기 위한 연습이라고 생각해보면 어떨까? 반드시 보람이 생길 것이다.

03
마법의 주문 '칭찬하기'

'단점 찾기 달인'이었던 나

나의 직장생활이 원만하지 못했던 이유 중 하나는 '남의 단점
만 찾았다는 것'이다. 나쁜 점을 찾아서 지적하고 고치려고 들었
다. 상대가 반발하면 틀린 말이 아닌데 왜 받아들여 주지 않느
냐며 무모한 경쟁을 벌이는 일이 반복되었다. 그러다 보니 주변
에는 내가 하는 말을 들어주는 몇 사람만 남기고, 나머지는 모
두 고쳐야 할 문제가 있는 사람이든가 겁나서 피해야 할 상대가
되고 말았다.

당시에는 한번 보면 타인의 약점이 훤히 눈에 들어왔다. 그리
고 일부러 여러 사람 앞에서 '당신은 이런 점이 나빠'라고 지적
하고는 우월감에 빠지곤 했다. 이런 식으로 어떻게든 남보다 우
위에 서고 싶었다. 반면에 다른 쪽에서는 마치 간이라도 빼줄

듯이 구는 등, 당근과 채찍을 번갈아 주면서 내게서 떠나지 못하게 했다. 참 피곤하게 살았다.

칭찬에는 고래도 춤춘다고 한다. 사람도 그렇다. 그러니 상대의 장점을 찾아서 가벼운 마음으로 칭찬의 말 한마디를 건네면 된다. 그러면 인간관계는 생각보다 술술 풀린다.

"웃는 얼굴이 예쁘다!" "건강해 보이네!" "배려심 깊다"와 같은 말 한마디면 된다. 알고 있는 것과 실천하는 것은 하늘과 땅만큼의 차이가 있다. 꼭 한번 진지하게 남을 칭찬해보기 바란다.

그런데, 막상 해보면 순수한 마음으로 칭찬하기가 썩 쉽지 않다는 것도 알게 될 것이다.

일부러 져보기

직장은 승진과 성과주의, 인사고과 등으로 점철된 경쟁 사회이므로 질투와 열등감 때문에라도 칭찬하기란 쉽지 않다. 하지만 상대를 칭찬하여 좋은 사이로 지내야 동료도 늘고 일도 잘된다. 그러니까 일부러 상대와 싸우고 이기려거나 지려고 애쓰지 않아도 된다.

주변 사람을 칭찬하는 데 익숙해지면 '대하기 힘든 상대'나 '평소 적대시하던 상대'도 한번 칭찬해보자. 평소 대하기 불편하던 사람을 쳐다보면 아마도 단점만 눈에 들어올 것이다. 그렇다고 매일같이 싸우기만 한다면 당신 마음은 편해지지 않는다.

그런 상대일수록 일부러라도 져주고 일부러라도 장점을 찾아서 칭찬해보자.

처음부터 칭찬하기란 쉽지 않으므로 일단 마음속으로 되뇌어본다. 그러다가 한번 상대에게 마음을 전해봤는데 상대로부터 '고맙다'라는 호의적인 대답이라도 되돌아온다면 그간 상대방에게 가졌던 마음이 순식간에 확 바뀌게 된다. '생각했던 것보다 좋은 사람!' '그동안 왜 그렇게 싫어했을까!' 이렇게 놀라운 경험을 쌓다 보면 차차 자기도 타인도 인정하게 된다.

타인을 향한 지적은 나를 향한 지적?!

상대의 장점을 찾아 칭찬하는 일은 자기에게도 효과가 매우 크다.

사람의 잠재의식은 '주어'를 이해하지 못한다. 즉, '너는 안 돼!'라고 하는 말은 그대로 '나는 안 돼!'라는 말과 같다. 그래서 하루라도 빨리 타인을 부정하는 행동은 그만두어야 한다. 상대를 비판하여 기분이 언짢을 뿐이어도 신체에 해롭다. 칭찬하면 칭찬한 사람이 이긴 거나 매한가지다.

자기긍정감이 낮은 사람은 대개 타인 칭찬에 많이 인색하다. 그런 사람에게 칭찬해보라고 하면 오히려 '인사치레하거나 알랑거리기 싫다'라며 못마땅해 한다. 남의 마음에 들려고 즉, 밑에 들어가려고 칭찬하거나([비관형]), 남을 자기 지배하에 두려고 거짓으로 칭찬하거나([반항형]) 할 때 '아첨'이 되고 '감언이설'이 되는 것이다.

'칭찬'이라는 순수하게 사람을 추켜세우기만 하는 행위를 왜곡하는 자체가 자기긍정감이 내려가 있다는 증거이다. 부디 상대와 수평관계로 있고 싶다는 마음을 담아 가볍게 '칭찬'해보자.

'장점 찾기 달인'이 되어보자

직장에서 '단점 찾기 달인'이었던 나는 지금은 심리상담사라는 타인의 '장점 찾기 달인'으로 변했다. 자기긍정감이 낮아진 나를 지키기 위해 타인을 잘 관찰하게 되면서 익히게 된 능력이다.

상대가 자기를 위협한다고 생각하면 두려움 때문에 상대의 '약점'을 찾겠다며 단점에만 눈길이 멈추게 된다. 상대를 적대시하지 않고 우호적으로 바라보면 저절로 장점이나 강점을 찾는 쪽으로 능력이 쓰이기 시작한다. 따라서 상대를 자기편이라고 믿고 '일부러라도 칭찬하기', 여기서부터 시작하면 된다.

04
최강이자 최고의 재능 '응원'

타인을 질투한다면 응원해 보라

누구에게나 최강의 재능은 있다. 문제는 세계적으로 성공한 사람은 모두 알고 있지만, 안타깝게도 일반인은 거의 모른다는 것이다.

자신이 없는 사람, 자기긍정감이 낮은 사람은 자기의 결점이나 약점을 어떻게든 고치고 채워보려고 애쓴다. 동시에 상대의 능력과 재능에 '질투'하여 '부럽다'라고 생각한다. 저렇게 되고 싶다며 분발한다. '저렇게 되고 싶다'라며 노력하는 건 좋지만, 저렇게 될지 안 될지는 당신의 천성적인 자질에 달려 있다. 어쩌면 아무리 애써본들 저렇게 될 능력은 평균 이하일지도 모른다.

'약점 채우기'를 시작해도 상관없지만, 이제 '자기'에만 관심 쏟기는 그만두고 이것만은 꼭 해보기 바란다. 즉, 지금까지 소개한

'타인을 공감하고 인정하기' '남을 칭찬하기' 그리고 '남을 응원하기'이다.

응원하면 모여드는 재능

모두에게는 다양한 능력과 재능이 있다.

인정하고 칭찬하고 응원해주는 사람에게 사람도 재능도 모여든다.

당신도 자기를 응원해준 사람과 사이좋게 지내고 싶지 않은가? 그 사람을 위해 자기 재능을 쓰고 싶지 않은가! 자기 곁에 와준 사람에게 지금 자기가 가진 재능으로 응원해줄 수 있다면 얼마나 행복할까!

사람을 품을 줄 아는 사람, 큰 성공을 거둔 사람은 타인의 장점을 인정하고 칭찬하며 응원해줄 줄 안다.

재능과 능력이 최고라서 성공하는 게 아니다.

한 회사의 대표는 사내 모든 분야에서 능력이 최고일까?

영업력이 뛰어난 사람, 기술력이 최고인 사람, 사무처리 능력이 탁월한 사람, 그런 사람들을 보면 "능력이 뛰어나다!"라며 인정하고 "지도자가 되어달라!" "자네라면 할 수 있다!"라며 승진과 금전적 보상을 통해 '응원'한다. 그래서 모두가 회사 대표의 성공을 위해 일하려고 모여들고, 회사 대표는 모두에게 '응원'받으며 대표로서 힘을 낸다.

행복한 직장을 보면 직원들이 서로서로 응원한다.

직장에서 원만하게 지내는 사람을 관찰해보면 꼭 이렇다.

응원에서 시작되는 선순환

남을 응원하면 남도 자기를 응원하면서 감사와 미소가 잇따르는 선순환이 시작된다.

서로 응원하는 사람들을 진짜 '동료'라고 부른다.

동료가 되면 더는 다투고 경쟁하지 않아도 된다. 솔직하게 마음을 열고 신뢰하며 점차 협력하는 관계가 된다.

응원이라고 해서 거창하게 뭘 하라는 게 아니다.

"힘내!"

"응원하고 있어!"

"당신이라면 할 수 있어요!"

"굉장하다! 잘했어!"

"나도 당신처럼 되고 싶어요!"

"도울 일 있으면 말해!"

이런 말 한마디면 충분하다. 이것으로 당신은 당신을 응원해줄 동료를 얻게 된다.

누군가 응원해주면 '나에게 가치가 있다'라고 생각하게 된다.

누군가를 응원하면 스스로 '상대에게 용기와 힘을 줄 줄 아는 가치 있는 사람'이라고 느끼게 된다.

자기긍정감이 낮은 사람, 열등감이 강한 사람, 당신에게는 이미 '인정하기' '칭찬하기' 그리고 '응원하기'를 위한 능력이 있다. 그리고 이것이 가장 중요하다.

타인뿐 아니라 자기를 응원할 줄 아는 사람이 되어보자.

'나, 애쓰고 있잖아!' '응원할게!' '나라면 할 수 있다!' '대단하다, 잘했어!' 자기에게 건네는 말 한마디가 '자기긍정감 키우기'로 바로 연결된다.

05
'봉사'할 수 있는 나는 가치가 있다

'고맙다'라는 말이 나오도록 일해보기

 사람은 여러 행동 중에서도 특히 '남에게 도움이 되었을 때' 가장 행복하다고 느낀다. 남을 도운 자신을 가치 있다고 여기며 사람과 사람 사이의 연결을 느끼게 된다. 자기에게 점차 여유가 생기면 이번에는 상대에게 '고맙다'라는 말이 나오도록 일해 보자.

 처음에는 아주 간단한 일부터 시작한다. 주변에 도울 일이 있느냐고 묻는다. 출근할 때 활기차게 인사하고 서류에는 '수고하세요!'라고 적은 메모를 붙여서 건네 본다. 지금까지 이야기한 칭찬하기도 응원하기도 사실은 모두 봉사이다.

자기를 희생하는 봉사는 자기부정?!

내담자 중에는 간호사나 노인요양사처럼 사람을 돌보는 직업에 종사하는 분의 비율이 상당히 높다. 생각보다 고된 직업이지만 사회공헌도는 매우 높다. 이렇게 사회적 기여도가 높은 일을 하는 사람이 어째서 자기긍정감이 낮은 걸까 하고 생각해보게 된다. 여기에 '봉사'가 가진 함정이 있다.

'봉사는 좋은 일'이라는 사회적 공통인식이 있다. 사회의 기대에 부응하려다 보니 조금 힘에 부치더라도 애쓰게 된다. 점차 힘들고 괴로우며 안 좋은 일이 생겨도 '남에게 도움을 주는 일은 보람 있다'라며 자신을 속이고 진심을 감추면서 노력을 게을리하지 않는다.

자기를 속이는 것은 자기부정이다

봉사하면 칭찬받고 자기를 인정하게 된다. 하지만 이는 ② 조건적 긍정(33페이지 참고)이다.

① 무조건적 긍정인 마음의 토대가 덜컹덜컹 뒤흔들릴 정도로 기울어져도 긍정을 바라며 '봉사'하게 만드는 장치가 바로 여기

에 있다. 마음의 토대가 기울어진 만큼 붕 뜬 부분을 봉사로 메워보려는지도 모르겠다.

【힘내 파】에도 '도움이 되어야 한다'라는 계명이 있었다. 바로 이 함정에 빠진 건 아닐까?

봉사가 가진 함정에 빠지지 않으려면 자기를 희생하지 말아야 한다.

마음의 토대를 정돈하고 자기가 할 수 있는 범위에서 남에게 봉사한다.

06
때로는 '포기'한다

말하지 않아도 알아줄까?

지극히 당연한 일이지만, 아무리 바라고 기도해도 텔레파시라도 통하지 않는 한 자기 생각은 남에게 전달되지 않는다. 【비관】하고 【반항】하는 사람은 토라지고 주눅 들어있는 '인정해줘 군' '알아줘 양'이라고 말씀드렸다. 말하지 않아도 알아주겠거니 한다.

그래서 제대로 '말'한다.

그러나 '말'을 한다고 '전달'되지는 않는다.

토라지고 뒤틀려서 비비 꼬여서 나온 말은 전달되지 않는다.

상대를 부정하거나 공격하는 말 대신 동료가 되고 싶다는 진심을 담아서 '전달'해야 한다.

상대를 향한 '기대' 비우기

그렇다면 솔직하게 말하면 진심이 전달될까? 아쉽지만, 꼭 그렇지도 않다.

'공감해도' '칭찬해도' '응원해도' '봉사해도' '전달해도' 무엇을 해도 생각대로 풀리지 않는 일은 많다. 상대가 토라지고 주눅 들어있으면 더욱 그렇다. 그래서 상대를 향한 '기대'를 비워야 한다.

여기까지 이야기한 인간관계와 관련된 일련의 작용은 타인을 조종하기 위한 것이 아니다. 언제 어디서나 타인과 원만하게 관계 맺을 수 있고 더는 타인에게 위협받지 않게 된 자기 자신에 대한 신뢰를 쌓으며 자기긍정감을 키우기 위한 노력이었다.

따라서 '기대'는 앞으로의 자기 자신에게 한다. 기대를 비우는 데는 이 말이 효과적이다.

"이 정도면 됐어!"

이 말을 툭 내뱉으며 마음 편하게 시작해보자.

그래도 상대에게 '기대'하게 되지만, 그래도 괜찮다.

꼭 해야만 하는 일에 대처하기

하기 싫은 일은 하기 싫다고, 못하는 일은 못한다고 목청도 높여봤지만, 일이다 보니 생각대로 풀리지 않기도 한다. 이런 경우 다음처럼 두 가지 대처 자세가 있다.

① 자기 의사에 따라 주도적으로 시작한다.
② 자기 의사에 반해서 억지로 시작한다.

'좋아, 더는 어쩔 수 없어. 포기하고(누가 봐도 명백히) 노력하자.' '이 일에서 배울 점을 찾아보자'라며 자기 주도적인 자세로 일을 시작할 것인가? 아니면 몸도 마음도 자기를 희생하며 【비관】하여 【반항】적으로 시작할 것인가?

만약 후자와 같은 마음으로 시작한다면, 지금까지 말한 대로 자기긍정감은 덜컹거리고 만다.

07
상대와의 '경계선'을 의식한다

너와 나 사이의 거리

지금까지는 타인을 인정하고 칭찬하며 응원하면서 '동료의식을 만들어 더는 다투지 않는다'라는 데 신경을 집중했다. 이렇게 안심하고 안전한 환경을 준다면 자기긍정감은 한껏 자라있을 것이다. 하지만 아무리 상대와 우호적인 관계를 맺었다고 해도 당신 주변에는 여전히 【반항형】과 【비관형】이 우글우글하다. 당신 자신도 완전히 벗어난 것은 아닐 테고.

【반항형】은 분노와 증오를 통한 지배와 【비관형】은 동정으로, 두 타입 모두 죄책감의 씨를 뿌려서 당신의 영역을 침투하거나 긍정을 빼앗아가려고 한다. 칭찬하거나 응원하면 공연히 착각하여 '조금 더 달라!'라며 다가오는 무리도 있을 것이다. 그런 상대라도 적대시하지 않고 신뢰를 바탕으로 동료가 되겠다는 생

각은 자기긍정감을 높이는 데 매우 중요하다. 다만, 당신의 영역을 침범당했거나 침범을 허용했다면 안심되고 안전한 환경은 아닐 테니 자기긍정감은 높아지지 않는다.

자기 영역은 지키되 상대 영역을 침범하는 우를 범하지 않도록 자기와 상대 사이에는 '경계선'이 있다는 것을 명심하자.

선의를 가장하여 넘나드는 경계선

당신이 다니는 직장이 블랙 기업이 아닌 한, 주변에 그렇게까지 나쁜 사람이 있을 리 없다. 혹여 다투더라도 일에 대한 '가치관'과 '정의', '이해관계'가 일치하지 않기 때문이다. 이런 식의 다툼으로 경계선이 위협받는 건 누가 봐도 알지만, 현실에서 벌어지는 일상적인 경계선 침범 방식을 알아차리기란 쉽지 않다. 왜냐하면, 상대는 선의로 다가오기 때문이다.

【반항형】도 【비관형】도 상대를 돌보면서 부족한 자기긍정감을 채우려고 한다. 한마디로 '오지랖 넓은 사람'이다. 나 역시도 후배에게 '너를 위해서'라는 명목으로 설교할 때가 있었다. 장장 몇 시간이나 말이다. 당시 내게 악의는 없었다. 그뿐일까. '바쁜 시간을 할애해서까지 후배에게 업무란 무엇인가를 설명해주는

좋은 선배'라고 생각했다.

열등감이 강한 【반항형】이 상대를 이용하여 우월감을 얻고자 '너를 위해서'라는 식으로 선의를 가장하여 경계선을 넘어간 사례라고 할 수 있다. 잘 생각해보면, 후배도 '안 돼' '못해'라고 하소연하던 【비관형】이었다. 절묘하게 수직관계가 맺어진 것이다.

이웃에 사시던 할머니 한 분도 "반찬을 너무 많이 만들었어요. 좀 들어요"라며 반찬통을 들고 오시곤 했다. 어쩌면 상사도 그런 식으로 당신을 걱정하여 참견하는 걸지도 모른다.

하지만 '너를 위해서'라는 식의 선의는 거절해도 된다. 물론 공감과 감사 인사가 먼저다.

저 사람의 감정은 당신 탓이 아니다

상대도 나도 무의식중에 서로의 경계선을 넘지 않으려면 다음의 두 요소가 필요하다.

'타인의 감정을 배려하지 않는다.'

'자기감정은 자기가 돌본다(타인에게 자기감정을 봐달라고 하지 않는다).'

심리상담을 하다 보면, 상대의 비위를 맞추는 게 인생의 목적인 양 행동하는 사람을 자주 본다. 만일 그 대상이 어머니였다고 가정해보자. 초조해하는 어머니를 볼 때마다 당신은 어머니의 감정을 헤아리려고 애썼다.

'어떻게 해야 엄마가 화내지 않을까?'

'어떻게 해야 엄마 기분이 좋아질까?'

그리고, 그대로 자라 어른이 되었다.

'상사가 초조해한다, 어떻게 해야 화내지 않을까?'

'남편이 화내고 있다, 어떻게 해야 기분이 풀어질까?'

상대는 자기 사정에 따라 멋대로 화를 내고 있을 뿐이다. 혼자 기분이 언짢은 것이다. 그 분노는 당신 탓이 아니다. 하필 그때 당신이 그 자리에 있다가 화풀이 대상이 되었을 뿐이다. 당신 역시 자기 사정으로 불안해진 것이다. 불안은 대개 과거의 투영이자, 내면의 문제이다. 또, 자기 불안을 해소한답시고 상대를 바꾸려는 것도 상대에게는 민폐일 뿐이다.

그들에게는 화낼 권리도, 슬퍼할 권리도 있다. 당신이 굳이 없애주지 않아도 된다.

'분노'란 그 사람의 명분이므로 '화내지 말아요…' '화내지 마라!'라며 '감정'을 제거하려는 행동은 그 사람을 '부정'하는 것이나 다름없다. 그러니까 뭔가 하려고 들지 마라. 특히 왜 화가 났을까 하고 생각하는 자체가 부질없는 행동이다. 왜냐하면, 이쪽이 짐작하기 힘든 여러 요인이 뒤섞여 있어서 당신이 기분을 풀어주려고 할수록 되레 불똥이 튀어 호된 일을 겪을지도 모른다.

당신은 그저 상대의 분노와 자기의 불안에 '공감'하면 된다.

'화내도 돼'

【안돼 파】의 흔한 고정관념 중에 '화내면 안 된다'라는 항목이 있다.

어려서 감정적인 부모 밑에서 자랐거나 선생님께 억울하게 혼났던 경험은 '화내는 일'을 나쁘게 인식하고 스스로 금기시하며 봉인해버린다. '절대 화내면 안 돼!'라고 자기를 억압하기 때문에, 화가 쌓이고 쌓여서 어느 날 격렬하게 폭발해버리고 만다. 지금 머릿속을 스쳐 지나간 사람이 있을 것이다. 그러고는 '부모님이나 선생님에게 끊임없이 반항'하는 【반항형】으로 살아가게 된다.

'분노'란 원래 '방어'하기 위한 에너지이다. 즉 【자기방어군】이다. 집요하게 선을 넘어서는 사람이나 아무리 생각해도 이건 아니다 싶은 상황에는 'NO!' 하고 의사를 분명히 표현하기 위한 힘이 필요하다. 직장 내 괴롭힘이나 성희롱이라도 당할라치면

'NO!'라고 말하고 뿌리쳐내야 한다.

경계선을 그을 때는 반드시 적절한 '분노'가 필요하다.

당신이 얌전하다 보니 괜스레 주변에서 놀리는 느낌이 들면, 가끔은 '안 됩니다!'라고 정색하며 약간씩 화내도 된다. 그럴 때는 【반항】이 아니라 자기 의사에 따라 '분노'를 사용한다.

자기긍정감이 낮고 경계선이 무너지기 쉬운 【비관형】은 '화내도 돼'라는 말을 꼭 기억하시기 바란다.

싫어하면 싫어하게 두기

이 책을 읽은 분 중에는 모든 사람에게 웃는 얼굴로 대하거나 친절하게 굴어야 한다고 생각하는 사람도 많을 것이다. 그런 사람들은 험담이나 하고 싶다는데 추근대며 막 대하는 사람한테까지도 다음처럼 생각한다.

'어떻게 하면 이 사람이 나를 알아줄까?'

'어떻게 하면 저 사람의 기분이 좋아질까?'

'저 사람에게 상처 줬나봐, 폐를 끼쳤나봐, 내가 잘못한 건 아닐까?'

그렇지 않다. 험담하고 치근덕대고 함부로 행동하는 그 사람이 그런 수준밖에 되지 않는 것이다. 이런 사람의 마음에 들기 위해서 당신이 보이는 과잉반응이 바로 상대가 노리는 바이다. 당신도 나도 누군가를 행복하게 해줄 수 있으며 '감사'의 선순환을 만들어낼 수 있는 사람이다. 따라서 이런 사람에게 집착하지 않아도 된다. 시간 낭비일 뿐이다.

나를 싫어하는 사람과 당신의 가치에는 아무 상관이 없다.

나를 싫어하는 사람이 싫어하게 둔다. 그에 따른 결과도 각오한다.

나를 싫어하는 사람의 생각과 파동에 휘둘리면 마음의 토대는 무너지고 만다.

지금부터가 본론이다.

남이 나를 싫어하는 것을 수긍할 수 있으면, 내가 타인을 싫어하는 것도 수긍할 만하다. 그러니까 누군가를 향한 미움 때문에 죄책감을 느끼지 않아도 된다.

'그러니까 싫다고. 그러니까 마음에 들지 않는다고!'

'그가 상사든, 고객이든, 부모든, 친한 친구든 상관없어!'

'싫은 사람은 싫어. 하기 싫은 일도 하기 싫어!'

이러한 마음을 있는 그대로 인정해야만 타인과의 경계선을 넘나들지 않고 잘 지켜낼 수 있다.

또, '싫다'와 '나쁘다'는 다르다.

상대를 '나쁘다' '틀렸다'라고 재단하는 건, 자기감정을 인정하는 게 아니라 상대에 대한 '평가'이자, 자기 고정관념에 휘둘리는 것이다. 남을 '싫어하는' 마음도 소중한 감정이다. 잘 보살펴주어야 한다. 나를 싫어하는 사람은 싫어하게 두자. 그러면 '자유'를 얻게 된다. 즉 '자유'는 당신이 내리는 결정에 달려 있다.

과거의 인간관계에서 '졸업'

자기긍정감이 충분하면 대개 인간관계가 좋아지지만, 일시적으로 나빠질 때도 있다. 그렇다고 불안해하지 않아도 된다. 그게 바로 '낭보'니까.

스스로 자기 생각을 수긍하거나 가치가 있다고 생각하게 되면, 상대의 요구를 거절하고 상대에게 자기 '의견'을 말할 수 있게 된다. 그러면 【반항】이나 【비관】의 에너지로 연결되어 있던 지금까지의 인간관계가 조금씩 불편해진다. 수평관계로 대등하게 어울리고 싶어지며 말과 행동, 태도가 바뀐다. 그러면 상대는 이렇게 생각한다.

'당신, 그런 사람이 아니었잖아!(분노)(울음)'

'건방져졌어!(분노)'

'내가 하는 말을 들으면 된다니까!(분노)'

'알 게 뭐야!(울음)'

그래서 관계가 악화된다. 하지만 이는 당신이 '자유'를 얻기 위한 과정이다. 조금은 서글프지만, 그런 사람들과는 이제 작별인사를 해도 된다.

그중에는 자연스럽게 소원해져서 신경 쓰이지 않는 사람도 있지만, 직장이라는 고정된 조직에서는 업무상 어쩔 수 없이 마주쳐야 하는 사람이 있고, 예전부터 악연이거나 혈연관계인 사람과도 관계를 지속해야만 한다. 그러나 당신은 그들을 변하게 하려고 하거나 그들과 다퉈서는 안 된다. 사람을 바꾸려는 시도는 그 사람을 부정하는 것으로, 자기를 다시 어둠의 세계로 밀어넣는 행동이다.

그러니까 당신이 먼저 관계를 끊어내면 된다. 용기를 내 보자. 그 사람들은 당신을 수직관계 아래에 두려고 온갖 방법을 다 쓸지도 모른다. 대개 분노로 지배하려 들거나 동정하며 죄책감을 주려고 들겠지만. 하나도 빼놓지 말고 지켜보자. 얼마간은 통증이 수반될지도 모른다. 하지만 이제 당신의 무대는 바뀐다.

블랙 기업이나 직장에서 괴롭히는 상사, 그리고 과거의 연결

고리들에 자기 손으로 새 경계선을 긋는다.

'도망가도 돼.'

인간관계를 정리하고 당신은 거침없이 활약하며 꽃을 활짝 피우시기 바란다. 그것이 당신을 소중히 여기고 자기를 인정하는 길이다.

■

내가 나를 알아주기

내가 내 동료가 되어주기

그것이 가능하다면 마음의 평화를 얻고

타인의 기분에 '공감'하기가 가능해진다.

■

상대는 상대 사정 탓에 멋대로 화낼 뿐이다.

그의 분노는 분명 당신 탓이 아니다.

당신이 할 수 있는 일은

상대의 분노와 당신의 불안에 대해 '공감'하면 그뿐이다.

제5장

'불편한 사람'과
마주하는 법

제5장에서는 가장 흔한 사례 일곱 편을 통해 자기긍정감이 충분한 당신이 그간 '적대시'해온 사람들과 어울리는 방법을 소개하려고 한다.

01
상사가 사소한 지적에
집착하는 통에 진저리가 난다

"내 상사는 부하직원의 노력을 평가하거나 고마워하지는 않으면서 서류상 오타 등 사소한 부분만 지적하는 통에 화가 납니다. 그렇다고 상사가 하는 말이 틀리지도 않아서 반박하지도 못합니다. 어떻게 지내야 할까요?"

애써서 노력하는데 별거 아닌 일로 지적받으면 의욕을 잃게 된다. 이 책을 읽으셨다면, 의기소침해진 자기 기분에 '그래, 의욕을 잃는 게 당연해'라고 공감하고 다음의 두 가지 관점을 통해 바라보자.

하나는 상사가, 또 하나는 자기가 자기긍정감이 낮아져 있다. 즉 자기부정이나 고정관념에 사로잡혀 있는 건 아닐까, 하는 상상에서부터 출발한다.

만일 상사가 【비관형】이라면, 업무가 순탄하지 않을까 염려하여 사소한 부분만 신경 쓰는지도 모른다. 두려움에서 자기를 보호하는 데 여념이 없어 타인을 인정하거나 칭찬할 여유마저 사라져 버렸는지 모른다. 어려서부터 자기긍정감을 억눌리며 자랐다면 상사는 '타인에게 인정'받은 경험이 적을 것이다. 그러니 당신을 '인정'한다는 발상조차도 없을지도 모른다. 【반항형】이라면 더욱 그렇다. 타인을 인정하면 '패배'라는 생각에 저항할지도 모른다.

한편 당신은 작은 실수보다는 전체적인 노력을 '봐줬으면, 평가해줬으면' 하고 바랄 것이다. 우선 당신의 마음을 솔직하게 전달해보는 것도 나쁘지 않을 것 같다.

상사에게 '더욱 인정해줬으면, 평가해줬으면 좋겠다'라고 솔직하게 말할 수 있는가?

마음을 표현하는 데 저항감이 있다면, 그 자체로 '어리광부리면 안 돼' '어차피 알아주지 않을 거야'라는 뒤틀린 고정관념 안에 있다는 증거일지도 모른다.

그렇다면 점심식사를 함께 해보는 건 어떨까? 회식 자리도 좋다. 업무와는 조금 떨어진 장소에서 '제 장점을 알려주세요' '저는 칭찬받으면 더 잘하는 성격입니다' 하며 가벼운 마음으로 어필해보자. '○○씨(상사)는 이런 장점이 있습니다'라는 말도 덧붙이면 더욱 좋을 것 같다.

상사가 당신을 칭찬할 기회를 주면 상사의 자기긍정감도 채워질 것이다.

실수 자체는 실제로 발생하는 일이므로, 지적은 '지당하게' 받아들이자. 이것과 노력을 인정해달라는 것은 별개의 문제니까. 곁에서 이러쿵저러쿵 잔소리하면 누구나 싫다. 그러나 내심 '저 무뚝뚝한 상사를 미소 짓게 할 수 있을까!' 하는 시합이라도 하는 기분으로 당신과 상사, 서로의 자기긍정감을 높여간다면 훨씬 즐거울 것이다.

•【비관형】인 당신에게

상사가 이렇게 행동하는 건 상사 자신의 문제이다. '내가 잘못해서 상사의 기분을 상하게 했나?'라고 지나치게 자책하여 '더욱 노력해서 인정받아야겠다'라며 【힘내 파】에 빠지지 않도록 조심하자.

•【반항형】인 당신에게

무엇보다 '악덕 상사'라며 꼬리표 붙이기를 그만두자. 상대를 불편한 시선으로 보기 시작하면 단점만 눈에 띈다. '상대에게는 상대의 사정이 있겠지. 저래 봬도 악의는 없잖아. 그럼, 됐어'라며 일단 수긍하고 믿어본다.

02
상사에게 의견을 말하면
불같이 화부터 내서 난감하다

"자기가 내린 지시에 의견을 내려고 하면 '잔소리 말고 따라!' 라며 필요 이상으로 격노하는 상사가 있습니다. 딱히 몰아세우려는 것도 아니고 잘 지내고 싶을 뿐인데, 언제나 조바심을 내니 대하기가 몹시 힘듭니다."

불같이 화내는 사람은 【반항형】으로 대개 열등감이 강해서 부정당하는 것을 지나치게 두려워한다. 이런 사람은 자기를 고치려 든다거나 반항적인 태도를 보이는 순간, 당신을 눈엣가시로 여기게 된다. 세상에 직장 상사에게 밉보이고 싶은 사람이 어디에 있을까? 그래서 지나치게 두려워하거나 살얼음판 걷는 듯이 행동하면 '바보 취급한다' '내가 나쁘다는 건가'라며 되레 화를 내기도 한다. 꽤 성가신 일이다.

그러므로 동등한 수평관계임을 의식하면서 상대에게 '나는 적이 아니다'라고 인식하도록 행동한다. 상사가 편하게 있을 때나 긍정적일 때 '감사하다' '많이 배웠다' '○○씨 덕분이다'와 같은 인사말을 통해 상사의 자기긍정감을 높여주며 우호적인 관계를 차근히 쌓아 가면 된다. 그래야 이쪽 의견을 들어주게 된다.

화를 내면 누구나 무섭지만, 당신은 '상대의 감정을 배려하지 말아야' 한다.

상사는 자기 문제로 화를 내는 것이지 당신 탓이 아니다.

당신을 부정하는 것도 아니고 당신의 가치와도 아무 상관이 없다. 화내고 싶어 하는 사람은 화내도록 그냥 두자. 특별히 상사와 우호 관계를 맺을 필요가 없다면 경계선을 의식하며 적당히 받아넘기면 된다.

또 '화를 내는 사람은 괴로워하는 사람'이라고 생각해보자.

상사는 자기의 슬픔이나 외로움 같은 기분, 부하직원에게 큰 소리치고 마는 한심함 등을 알아주지 않아서 답답해하고 있다. 이렇게 생각하면 무서움도 줄어들고 상사를 어떻게 서포트하면 원만하게 지낼 수 있을까 생각하는 마음의 여유도 생겨난다.

•[비관형]인 당신에게

고압적인 사람에게는 복종하기 쉬운데, 과도하게 두려워하는 것도 나름대로 상사에게는 자기가 가해자인 듯한 느낌을 들게 한다. 마치 불에 기름을 붓는 격이다. 그래도 무섭다면 차라리 접촉횟수를 줄인다거나 피하도록 한다. 부정적 감정 다루기를 통해 '무서움'을 다스려본다(74페이지 참조). 꾸준히 반복하면 자기감정도 다룰 줄 알게 되고, 대하기 힘들던 상사에 대한 의식도 옅어진다.

•[반항형]인 당신에게

당장이라도 전투 스위치가 켜질 것 같지만, 싸우는 대신 적극적으로 져주자. '지는 것이 이기는 것'이다. 자기 의지로 지는 선택을 할 수 있다면 자기긍정감이 충분하다는 증거이다. 화가 나면 자기감정을 부정하지 말고 노래방에 가든, 운동하러 가든 다른 장소에서 발산하도록 하자.

03
동료들의 우수함에
열등감이 느껴진다

"대졸 신입사원으로 입사하여 반년이 지났지만, 동기들이 다들 우수하여 힘듭니다. 유명대학 출신이거나 외국어 실력이 뛰어나거나. 물론 다들 일도 잘해서 선배들도 이뻐하니 매우 부럽습니다. 모두에게 열등감이 느껴져서 이대로 뒤처지는 건 아닌지 걱정입니다."

출발점은 같았던 동기에게 뒤처지면 자기만 실력이 없는 건 아닌지 움츠러든다. 그러나 열등감을 느낀 자기에게 자꾸 안 된다고만 하면 자기긍정감은 불안정해지고 공연히 주변을 겉돌게 된다. 그러므로 우선 '그래, 위축될 것 없어!' '당연해' '알지, 알아'라며 자기 기분에 한 걸음 다가간다. 자기 기분에 충분히 공감해주면, 마음이 안정되고 기분도 한결 가뿐해질 것이다.

자, 이쯤에서 상황을 조금 더 객관적으로 바라보자. 유명대학

출신이나 2개 국어 사용자라는 점과 '업무능력이 있다'라는 것은 사실 그다지 관계가 없다. '나는 열등하다'라고 느끼는 순간 상대를 억지로 수직관계 위에 밀어 넣고 필요 이상으로 【비관】하게 될지도 모른다.

동기에게 질투나 열등감을 느끼면 점점 동료 집단에서 멀어지게 된다. 그럴 때는 한번 열등감을 드러내 보자. 효과가 있을 것이다.

"모두에게 뒤처지는 거 같아서 말이지!"라는 한마디에 모두의 마음이 얼마나 따스한지 느끼게 될 것이다.

"우리 동기잖아!" 혹은 "○○씨는 언제나 분위기를 밝게 해주잖아"라며 되레 당신의 매력을 가르쳐줄 것이다.

주변에 우수한 사람이 많다는 건, 어쩌면 당신에게는 기회일지도 모른다. 주변에 의지하고 배우며 감사하고 자기의 우월성으로 그들을 도우며 함께 성장해가자.

• **【비관형】인 당신에게**

'어차피 난 열등해'라는 시선으로 보면, '역시 다들 뛰어나구나…'라는 【비관】적인 세상이 보이게 된다. 주눅 들어 '난 안 돼'하며 도망치지 말고, 용기를 내어 자기의 약점을 드러내 보자. 사람은 약점을 보인 사람에게 친근감을 느끼는 법이다.

•【반항형】인 당신에게

동기로 입사한 사람들은 소중한 인연으로 맺어진 동료이다.
그런 사람들을 질투하거나 '어차피 나 같은 게'라며 비뚤어져서
【반항】적인 태도를 보일 필요는 없지 않을까? 자존심 세우기 쉬
운 대목이지만, 적극적으로 '도와달라' '가르쳐달라'고 마음을
전해보자.

04
업무적 압박감으로 숨이 턱턱 막힌다

"새로운 프로젝트 리더 자리를 제안받았습니다. 감사한 이야기지만 이렇게 어려운 일을 해낼 수 있을지 불안하기만 합니다. 상사는 '자네라면 할 수 있다'라고 하지만, 도저히 자신이 없습니다. 업무라서 도망치지도 못하고 압박감에 온몸이 짓눌리고 있습니다."

우선 '불안'과 '두려움'이라는 자기감정을 알아차리는 것이 중요하다.

괜히 강한 척하며 두려움을 자각하지 못하고 일을 진행했다가는 자기도 모르는 새에 두려움을 회피하게 된다. 점점 왠지 결단을 내리지 못하겠다, 일이 순조롭지 않다는 등의 상황이 벌어진다.

그러므로 '불안을 알아차렸으니까 됐어!' 하며 자기를 인정하자(73페이지 참조).

사실 압박감이란 '내가 내몰리고 있다'라고 느끼는 압력을 가리킨다. 그래서 한번 압력을 줄여보기로 한다.

'업무라서 도망치지도 못하고'라는 건, 단순히 고정관념이다.

처음부터 퇴로를 막아버리면 도망갈 길이 없어서 마음만 쫓기게 된다. '그래, 도망쳐도 돼' '상사가 실망해도 어쩔 수 없지' '하지만 무섭잖아'와 같은 말을 입 밖으로 내보면 마음이 조금은 가벼워진다.

일단 마음이 누그러지면 할 일을 노트에 적어가며 명확히 그려보자.

업무의 전체상, 명확한 목표, 지금 가능한 일, 확정되지 않은 일, 현시점에서의 과제 등을 적어본다.

사람은 보이지 않는 것에 공포를 느끼는 법이다. 불안으로 힘껏 부풀어진 망상을 명확히 그려내면 '어떻게든 될 것 같다'라며 자신감도 생긴다.

설령 목표가 지나치게 높다면 몇몇 단계로 쪼개보자. 가능성이 보이기 시작할 것이다. 이제는 안전을 확보할 차례다. '겁은 나지만 노력해볼게' '그러니까 모두 도와줘'라는 말로 주변 사람들과 동료의식을 키워보자. 압박감도 함께 나누면 두렵지 않다. '나의 어디를 평가하여 이 일을 맡겼는가?'라고 상사에게 물어보는 것도 자기긍정감을 되찾는 데 효과적이다.

리더로서 노력하려는 모습도 있지만, 자신이 없어 두려워하는 모습도 있다. 마음의 토대가 흔들리면 겁이 나서 앞으로 나아가지 못하게 된다. 이것이 바로 자기긍정감을 키워야 하는 이유이다.

•[비관형]인 당신에게

타인의 부탁을 거절하지 못해서 자기 능력 이상의 일을 떠안는 사람이 많다. 상대는 그저 한 번 물어본 것뿐이므로 '거절해도 된다'라고 자기에게 일러준다. 그리고 주변에서 어떻게 생각하든 자기가 하고 싶은 일이 무언지 자문해본다. 자기 대답에 따르는 것이 자기를 인정하는 길이다.

•[반항형]인 당신에게

자기의 자존심을 지키기 위해 '실패해서는 안 된다' '강해져야 한다'라는 강한 고정관념에 사로잡혀 있을지도 모른다. '실패해도 돼' '약한 소리 해도 돼'라고 자기를 타일러보자. 이때다 싶을 때를 제외하고는 여유롭게 지내도 된다.

사람을 끌어당기는
자기긍정의 힘

05
일할 줄 모르는 부하직원들 때문에
할 일이 늘어서 걱정이다

"부서원들이 일할 줄을 모릅니다. 언제나 이쪽에서 내리는 지시 이상의 일은 하지 않습니다. 아이디어를 더 낸다거나 적극적으로 일해주기를 바라지만 말할수록 내 수고만 늘어서 힘이 듭니다."

부서원을 움직이게 하는 건 정말 힘든 일이다. 나도 비슷한 상황을 겪었기에 잘 안다. 그래서 자신 있게 말씀드릴 수 있다. 혹시 '내가 없으면 이 사람들은 아무것도 못 해'라고 생각하는가?

나는 이것을 【내가 없으면 안 되는 시스템】이라고 부른다.

업무상 인간관계가 원만하지 않을 때는 자기긍정감이 떨어지고 있을 때이다. 【안 돼 시스템】은 부서원들보다 우위에 서서 자기 열등감이나 두려움을 감추고 싶을 때 만들어진다. 실패를 두려워하다 보니 부하직원 몫까지 뺏어서 일하고 있을지도 모른다. 일을 빼앗긴데다가 '일 못 하는 사람'이라는 낙인까지 찍힌 부서원들의 자기긍정감은 나락으로 떨어지게 되어 지시한 일만 하게 된다.

하지만, 이렇게 된 이상 방법은 없다. 이 상황을 알아차렸다면 우선 '나 혼자 잘해왔다' '노력하고 있다'라며 자기를 위로해준다. 그리고 현재 상황에 【비관】하거나 【반항】하지 않고 용기를 내어 부서원을 신뢰하며 일을 맡기고 '감사'하고 '응원'하며 동료의식을 만든다.

만일 자기에게 '남에게 의지해서는 안 된다'라는 고정관념이 있다면 오히려 적극적으로 의지한다. 사람에게 부탁할 때는 '일단 내가 먼저 해보고'라는 마음부터 내려놓는다. 자기가 할 수 있는 일이니까 남에게 맡기는 것이다. 자기가 할 수 있는 데까지 해버리면 부하직원은 '보조'밖에 되지 않으므로, 필연적으로 지시를 기다릴 수밖에 없다. 또 자기 혼자 일을 다 하는 만큼 '부하직원이 하는 게 당연'하다는 생각이 들며 괜한 불안에 빠지는 악순환이 시작된다. 자기가 할 수 있는 일이니까 맡긴다. 부서원에게 나눠주면 자기에게는 여유가 생기고 부서원은 자주성이 길러진다.

당신의 일은 '나와 부서원의 자기긍정감 키우기'이다. 방법은 이 책에 소개한 대로다. 구체적인 비즈니스 기법은 다른 책에

양보한다.

•【비관형】인 당신에게

부서원에게 맡기기가 두려워서 '내가 해야 해, 내가 어떻게든 해야'라며 모두 짊어지고 가려고 한다. '무엇이든 내가 해야만 한다'라는 생각에서 벗어나서 잘하지 못하고 나약한 자기를 드러내 보이고 제대로 도움을 받자. 그러면 진심으로 감사할 줄도 알게 된다.

•【반항형】인 당신에게

이미 직장에는 당신의 지배나 명령이 만연하여 부서원들의 자기긍정감은 들썩거리고 있을지도 모른다. 그렇다면 부서원들에게 일단 사과하는 과정도 필요하다. 우호적인 부서원들도 있으니까. 함께 차근차근하게 자기긍정감을 키우며 '공감'과 '신뢰' '응원'의 폭을 넓혀간다.

06
결국 부하직원에게 화내고야 만다

"부서원들을 향한 분노가 조절되지 않습니다. 평소에 화내지 않고 대하려고 노력합니다만, 부서원들이 생각대로 움직여주지 않아 속으로 부글부글하다가 어느 날 폭발하는 일이 반복됩니다. 이러다가 인사부에서 위력에 의한 괴롭힘이 아니냐며 지적이라도 당할까 걱정입니다."

'분노'라는 녀석은 원래 말을 잘 듣지 않는다. 왜 당신이 폭발했는지 간단히 설명해 드리면, '분노'라는 자기감정을 '부정'하기 때문이다. 즉, 당신은 '화내서는 안 된다'라는 고정관념에 사로잡혀 있을지도 모른다.

부서원들에 대해 '분노'가 솟구치면 언제나 무의식중에 '화내면 안 돼'라고 억누르며 제지한다. 그러나 완전히 타버리지 못한 분노는 잔불로 마음에 남게 된다. 비슷한 상황에서 몇 번이

사람을 끌어당기는
자기긍정의 힘

나 화를 억누르다 보면 쌓이고 쌓여서 목 밑까지 차올라오며 울컥울컥하게 된다. 하필 이때 부서원이 '작은 실수'라도 할라치면 울컥거리던 분노가 과도하게 반응하며 콰광하고 폭발하게 된다. 매우 간단한 구조이다.

화내고 난 다음에는 '또 화를 내고야 말았다…' '어떡하다 또 이런 일이…'라며 더욱 자기를 '부정'하고 더욱 '화'를 금지하고 억압하며 혐오하는 쪽으로 기울어지는 악순환의 한가운데에 서 있다.

당신이 할 일은 '화를 낸 나를 부정하지 않기'이다.

'화내도 돼.'

'화낼 수밖에 없었잖아.'

'큰소릴 낼 때도 있지!'

'알지, 그럼.'

'사람이잖아.'

이렇게 자기를 향한 부정을 내려놓고 용서한다.

이렇게 해야 비로소 '자, 어떻게 하면 화를 안 낼 수 있을까?' '저 책에 있던 방법을 써볼까?'라며 제대로 된 방향으로 생각을 전환할 수 있게 된다.

•【비관형】【반항형】인 당신에게

'화내면 안 돼'라고 생각하는 사람은 감정적인 부모나 선생님에게 분노로 지배당했던 경우가 많다. 하지만 당신은 안심해도 된다. '화내면 안 돼'라는 건, '모두에게 상냥하게 대하고 싶다' '화를 내거나 심한 행동을 하고 싶지 않다'라는 생각의 표현이므로.

그러므로 화를 내고 마는 당신을 그래도 괜찮다며 '믿어' 주자.

화낸 후에 자기를 탓할 시간이 있으면 부서원에게 먼저 '미안하다'라고 사과하거나 양해를 구한다. 당신은 이제 감정적인 부모님과 선생님에게서 '졸업'해도 된다.

또 '분노'는 에너지가 강하므로 될 수 있으면 다른 일로 해소하자. 다음과 같은 방법은 어떤가?

• 노래방 등에서 목청껏 노래 부른다.
• 전속력으로 달린다.
• 망가뜨려도 되는 걸 망가뜨린다(천원 가게에서 구매한 접시를 깨는 등).
• 직장이라면 화장실에 들어가 화장지를 뽑아다가 꾸깃꾸깃해서 변기에 버린다.

물건을 망가뜨리는 행동에 저항감이 있다면 억지로 하지 않아도 된다. 하지만 '물건을 함부로 다뤄서는 안 된다'라는 금지의 고정관념에 사로잡혀서 저항감이 든 건 아닌지 생각해 볼만하다. 한 번쯤은 자기의 고정관념을 깨는 돌파구로 삼아볼 수도 있다는 뜻이다.

07
'악덕 고객' 때문에 몸서리가 쳐진다

"트집 잡기를 일삼는 고객이 있습니다. 문제가 커지지는 않지만, 별일 아닌데도 몇 번이나 고개를 숙여야 할 정도로 시간과 수고를 들여야 했습니다. 같은 고객에게 전화가 걸려올 때마다 온몸에 힘이 쭉 빠집니다."

지인 중에 고객 불만 처리의 전문가가 있는데, 그는 이렇게 말한다. '공감'이 제일 중요하다고.

물론, 누구에게나 업무상 실수는 있기 마련이지만, 과도하게 불만을 토로하는 사람은 틀림없는 【반항형】으로 '알아주기'를 바라고 있다. 그 사람은 상대적으로 지위가 우위에 있다는 것을 이용하여 자기를 '긍정해달라, 인정해달라'고 아우성치고 있는 것이다.

이는 고객이 어렸을 적부터 쌓아온 '아무도 나를 알아주지 않아' '또 괴롭힘을 당했어'라는 외침이다. 이런 경우에 맨 처음 할 일은 '알아주기' 그리고 '들어주기'이다. 불만 내용은 잠시 덮어두고 화가 나 있는 '마음'에 공감한다.

'불편하게 해서 죄송합니다' '화내시는 것도 당연합니다'라며 불쾌감을 준 데 대해서 사과한다. 이렇게 심정을 헤아려서 몹시 당황스러웠겠다며 공감하고 이야기를 들어주며 마음을 진정시킨다. 그런 후에 문제의 사실 여부를 확인하고 해결책과 대책안을 제시한다. 마지막은 불만에 대한 사과와 감사 인사로 마무리하는 식으로 진행되리라고 생각한다.

불만 처리 전문가인 지인은 '첫인상과 첫 3분이 승부처다!'라고 말하는데, 거기까지 대응하기가 쉽지 않다. 그렇지만 '상대는 자기부정에서 시작된 【반항】으로 마음이 괴로울 것이므로, 공감하고 이해해주자'라는 마음으로 대하면 '받아들여졌다'라는 생각에 상대의 분노는 진정될 것이다.

혼자서 싸우고 있는 기분이 들지 않도록 부서 내에서 고객 대응법을 공유하여 함께 대처하는 것도 중요하다. 고객 불만 처리가 천직이라는 지인은 【반항】하던 사람이 자기긍정감을 되찾아가는 모습이 매우 즐겁다고 한다. 정말 대단하다. 나에겐 어려운 숙제였는데….

•【비관형】인 당신에게

고객의 분노와 당신의 가치는 아무 상관이 없다. '당신 개인'이 아니라 '회사 측 사람'이라는 '역할'로 대응한다는 마음가짐이어야 한다. 자기가 부정당한다고 여기면 점차【비관】적이 된다. 그래도 너무 버거우면 병이 나기 전에 상사와 의논한다.

•【반항형】인 당신에게

분노에 분노로 대응하는 경향이 있다. 이러한 고객에 대한 대처법을 종이에 적어놓고 몇 번이든 시뮬레이션 해두면 도움이 된다. 전화가 걸려오면 '잘하고 있어!' '너라면 할 수 있어!'라고 자기를 응원하며 자기 자신의 과제(마음의 버릇)를 극복하기 위해서다, 이렇게 자기 주도적인 기분으로 대해보자.

5

■

'화가 난 사람도 내심 괴로워하고' 있다.
상사는 슬픔이며 외로움과 같은 자기감정과
부하직원에게 큰소리치고 마는 자책감을
아무도 몰라주어 답답해한다.

■

'일이라서 도망치지도 못해'라는 건, 그저 고정관념이다.
'실망해도 어쩔 수 없지' '저렇게 무서운데'
이렇게 입 밖으로 내어보면 조금은 기분이 누그러질
것이다.

제6장

당신은 사랑받기
충분한 사람입니다

01
과거의 나를 위로하고,
고정관념을 내려놓자

자기부정이 탄생한 곳

부정적인 고정관념은 어떻게 만들어졌을까?

조사에 따르면 일본인은 외국인보다 자기긍정감이 상당히 낮다고 한다. 이는 타인과 같아야 한다는 풍토와 '개인'보다 '가문'을 중시해온 역사, 인내를 미덕으로 삼는 문화 등 여러 이유가 있다. 고정관념은 사람마다 천차만별이다. 출신 지역, 집안 분위기, 형제의 유무, 학교에서의 생활 등, 다양한 환경 속에 고정관념이 만들어지며 시간의 흐름 속에 자기 안에서 '당연시'하게 된다. 이렇게 '부정적인 고정관념'으로 자신을 엄격하게 구속하고 부정해왔기 때문에 지금까지의 인생이 괴롭고 힘들었을지도 모른다.

또 자기 고정관념을 거스르는 사람을 부정하고 재단하면서 자기도 평가받는다는 착각 속에 두려워하며 싸워온 것들이 직장 내 인간관계에까지 반영되어 회사에 가기 싫어졌는지도 모른다.

그렇다면 다시 묻는다. 이러한 고정관념은 왜 생겼을까?

바로 '부모에게 사랑받지 못해서'이다.

'어리광부리면 안 된다' '남보다 뒤떨어져서는 안 된다' '더 똑바로 해라' '말대답하지 마라' '아무도 믿지 마라' '더욱 기대에 부응해야 한다', 이렇게 해서라도 어머니와 아버지를 웃게 해드리고 싶고, 기쁘게 해주고 싶은 마음에 만들어진 고정관념이다.

늘 부루퉁한 어머니, 엄격한 아버지에게 '저요, 더 노력할 테니까, 칭찬해주세요! 웃어주세요!'

설령 어머니가 애정이 가득하더라도 집안이 가난하다거나 아버지나 할머니와 사이가 안 좋으면, '나, 엄마한테 잘할게요. 뭐든지 제 손으로 하고, 동생들도 잘 돌볼게요' 하며 애쓴다. 학교에서 괴롭힘을 당하면, '부모에게 걱정시키고 싶지 않아. 나만 참으면 돼'라며 속으로 삭인다. 그림을 그릴 때가 제일 행복해도 시험성적이 좋을 때만 어머니가 기뻐한다면, '지금보다 더 열심히 공부해야지' 하고 공부에 매달린다.

이러한 고정관념이 달성되지 않으면, '난 안 돼…'

이러한 고정관념이 달성되면, '아직 부족해, 더 해야 해…'

【비관】하는 건, 노력해도 안 되니까,

【반항】하는 건, 노력해도 인정해주지 않으니까.

당신을 부정해온 마음의 버릇은 이렇게 만들어졌다. 그러니까 당신의 자기부정은 사실 사랑받고 싶다, 기쁘게 하고 싶다는 당신의 '선한 마음'과 '사랑'에서 태어났다.

나도 저 사람도 나쁘지 않아

긍정해주지 않았다는 생각에 빠졌던 자기 자신이 있다.

하지만 부모도 자기의 부모에게 부정당한 탓에 스스로 【반항】하고 【비관】하면서 필사적으로 당신을 키웠을지도 모른다. 어머니는 자식이 자기와 똑같은 실패를 저질렀을 때, 아이에게서 과거의 자기 모습을 보게 되고 '부정당하게 돼! 이대로는 안 돼!' 하는 두려움이 앞설지도 모른다. 심장이 쿵쾅대며 불안하고 괴로운 마음에 너무 걱정돼서 간섭하고 잔소리하는지도 모른다.

"그러니까 말했잖니! 왜 모르는 거야!"

"몇 번이나 주의하라고 했잖니! 왜 안 되는 거야!"

자기부정은 당신의 선한 마음에서 태어났다.

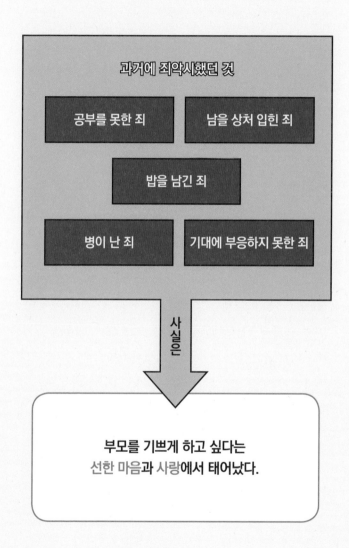

그러고 보니 우리 엄마가, 우리 아버지가 나 어렸을 적에 했던 말이잖아?

그러니까 내가 나쁜 아이, 무능력한 아이가 아니었구나….

그렇다. 아무도 나쁘지 않다. 어머니와 아버지도, 또 그 어머니와 아버지도 계속 그렇게 자기 손으로 자신을 속박하고 자기를 부정해온 것이다. 화내던 상사도, 일할 줄 모르던 부하직원도, 불만을 토로하는 고객도 모두 자기를 부정해온 사람들이다.

그러니까 자기를 부정하는 일은 당신부터 끝내도록 하자.

"어렸잖아, 어쩔 수 없었어."

"나도 할 수 있었어."

"그러니까 내 탓이 아니야!"

"난 잘못하지 않았어!"

"나는 나를 용서할 거야!"

이제 자기부정의 사슬은 끊어지고 모두가 자기를 긍정하는 세상이 펼쳐질 것이다.

마음의 소리에 귀 기울이자

자기를 옭아맨 고정관념이 만들어졌을 때, 당신은 굳게 맹세한다.

어머니에게 아버지에게 그리고 모두에게 사랑받기 위해, 자신을 지키기 위해서.

"더는 이러면 안 돼."

"더욱 강해져야 해, 노력하자!"

"절대로 약한 소리 하지 않을 거야."

"이제 아무도 믿지 않아."

하지만 내심 의지하고 싶었던 게 아닐까? 싫다고, 못 한다고 도와달라고 하고 싶었던 건 아닐까?

어린 당신은 자기감정을 봉인하고 죽어라 이를 악물어가며 '이래야 사랑받을 수 있어' '이런 나는 안 돼' '더욱 이래야 해'라고 생각했을 것이다.

어린 당신에게도 생각과 규칙은 필요했을 것이다. 하지만 이 책을 읽은 당신은 이제 '졸업'해도 된다.

고정관념을 통해 당신 마음이 진짜 하고 싶었던 말은 무얼까?

고정관념이 만들어졌을 때 꾹 참고 봉인해버린 감정은 무엇이었을까? 말로 하지 못했던 생각과 말을 입 밖으로 꺼내 보자. 차갑게 얼어버린 그 마음을 이제는 녹여내도 된다. 왜냐하면, 당신은 '사랑받기 충분한 사람'이니까.

과거의 자기를 위로하고 고정관념을 비워내는 작업

① 의자에 자연스러운 자세로 앉는다.

• 눈을 감고 가슴에 손을 얹고 심호흡을 크게 세 번.

② 어렸을 적에 있었던 일을 떠올린다.

• 어렸을 적 모습으로 돌아가 고정관념을 만든 당시에 일어난 일을 떠올려본다.

• 어떤 일이었는지 특정할 수 없을 때는 어린 당신 앞에 서 있는 어머니 혹은 아버지를 떠올린다.

③ 당시 자기감정을 찬찬히 음미한다.

• 주변은 어떤 모습인가?

• 어머니 혹은 아버지는 무엇을 하고 있는가?

• 당신은 어떤 기분이 드는가?

④ 그 장면에서 어머니 혹은 아버지에게 하고 싶은 말을 입 밖으로 내어본다.

• 200페이지의 'Ⓐ 하고 싶었던 말'을 참고한다.

• 특별한 말이 떠오르지 않으면 순서대로 읽어도 된다.

⑤ 어린 자신을 찬찬히 관찰한다.

• 어떤 모습인가? 어떤 얼굴인가?

⑥ 그 아이에게 해주고 싶은 말을 입 밖으로 꺼내 본다.

• 201페이지의 'ⓑ 듣고 싶었던 말'을 참고한다.

• 특별한 말이 떠오르지 않으면 순서대로 읽어도 된다.

⑦ 지금의 감정을 천천히, 찬찬히 마음이 채워질 때까지 음미
한다.

Ⓐ 어머니/아버지에게 하고 싶었던 말

- 난 엄마/아빠가 정말 싫어
- 나 노력하고 있어요
- 알아주세요
- 엄마/아빠, 도와주세요
- 내 말을 들어주세요. 나를 봐주세요
- 너무해요, 거짓말하지 말아요
- 혼자 두지 마세요
- 죄송해요
- 함께 있어 주세요
- 저도 어리광부리고 싶어요
- 무서웠어요, 외로웠어요
- 제게도 주세요
- 저도 할 수 있어요
- 더 칭찬해주세요
- 싫어요, 못 해요
- 착한 아이라고 말해주세요
- 그만 하세요, 용서해주세요
- 꼭 안아주세요
- 제 탓이 아니에요
- 엄마 혹은 아빠, 웃어주세요
- 믿어주세요, 오해하지 말아요
- 부탁이에요, 싸우지 마세요

B 어린 내가 듣고 싶었던 말

- 잘했구나
- 무서워하지 않아도 돼
- 미안해
- 대단하네
- 어리광부려도 돼
- 맞아, 그대로야!
- 무서웠지!
- 억지로 안 해도 돼
- 기쁘구나!
- 슬펐지!
- 같이 하자
- 즐겁구나
- 외로웠지!
- 못해도 돼
- 얼마나 좋아하는데!

- 불안했지!
- 이젠 괜찮아
- 아이 귀여워
- 속상했지!
- 언제나 같이 있자꾸나
- 얼마나 도움이 됐는지!
- 힘들었지!
- 늘 곁에 있을 거야
- 고마워
- 울어도 돼!
- 늘 네 편이야
- 네가 최고야!
- 화내도 돼!
- 넌 나쁘지 않아
- 내게 제일 소중한 아이

02
행복의 탄탄대로를 걷자

행복으로 배턴 터치

예전에 고통에서 눈을 뜬 지인이 말했다.

"내 생각의 90%는 자기부정이었다는 걸 깨달았을 때 충격적이었어."

"마음이 한가해지니까 되레 불안한 것 같아."

자기부정이나 타인부정, 여기에서 오는 불안, 걱정, 비교, 질투 등에서 해방되면 싸움에도 해방되어 마음이 한가해진다. 일상에서 멍해지는 순간이 찾아온다. 처음에는 익숙하지 않아서 매우 불편할 수도 있다. '나만 편해도 될까요?' '저도 더 노력하고 인내해야 하지 않을까요?'와 같은 마음에 죄책감이나 열등감까지 끄집어내곤 한다. 하지만 이는 그저 '망상'일 뿐이다.

앞으로 할 일은 고정관념을 털어낸 마음의 빈 곳에 당신이 행복하고 마음이 편해지는 새로운 가치관과 인간관계, 그리고 새로운 일, 새로운 시간과 돈의 사용법을 담는다. 낡고 쓸모없어진 고정관념과 배턴 터치한다. 배턴 터치에는 일시적으로 고통이 따를지도 모른다. 무엇을 버리고 무엇을 담으면 좋을지, 진짜바라는 게 뭔지, 인간관계에서 여러 번 실패하고 나서야 깨닫는것들도 많다.

이렇게 잘 풀리지 않을 때야말로 '그걸로 충분해' '불안한 게당연해' '잘하고 있어'라며 자기에게 먼저 다가가 '긍정'하며 앞으로 나아가면 된다.

초조해하지 않아도 된다. 천천히 걸어가자. 당신의 자기긍정감을 채우는 여행은 이제 겨우 한 걸음 뗐을 뿐이다.

회사는 가도 되고, 안 가도 되고

지금까지 회사에 가고 싶지 않았던 건, 걸핏하면 화내는 상사나 업무를 방해하는 동료, 지시를 듣지 않는 부하직원 때문이라고 생각해왔을 것이다.

하지만 원인은 내 안에 있었다.

자기를 부정하고 괴롭히기를 그만두면 불편했던 사람들은 점차 사라지며 회사에 가고 싶어질 것이다.

당신은 가치 있고 사랑받고 있으므로 더욱 자신을 소중히 대해야 한다. 앞으로는 고정관념에 휘둘렸던 당신 인생을 제자리에 가져다 놔주도록 하자. 자기긍정감을 키워갈 수 있다면 지금의 회사에서도 새로운 회사에서도 또 회사를 그만두더라도 즐겁고, 안심하며 일할 수 있으며 언제나 동료들과 함께하는 사람이 될 수 있다.

당신의 인생은 당신 하기에 달려 있다.

그리고 회사에 가든 안 가든 당신 마음이다.

자기부정으로 힘들어하던 여러분께서 자기 자신과 화해하고,

"나 정말 잘해왔지!"

"나 정말 멋지다!"

"나 정도면 됐지!"

"일하는 게 이렇게 즐겁다니!"

이렇게 웃을 수 있는 날이 오기를 기원한다.

아니다. 그날은 꼭 온다. 늘 응원한다.

6

■

당신의 자기부정은 사실
사랑받고 싶었던, 기쁘게 해주고 싶었던
당신의 '선한 마음'과 '사랑'에서 태어났다.

■

화내던 상사도 일할 줄 모르던 부하직원도
불만을 토로하는 고객도
그저 자기를 부정해온 사람들이다.
그러니까 당신부터 자기부정과 결별하자.

지금 이대로의 나로 충분하다

이 책은 '자기긍정감'이 얼마나 소중한지 설명하고 있다.

솔직히 이것 외에는 아무것도 필요하지 않다고 생각한다. 자기를 인정하고 받아들이면 나머지는 저절로 따라오기 때문이다. 진짜 선한 마음도 사랑도 풍요로움도, 그리고 미소도 전부 '자기를 인정하기'부터 시작한다.

자기를 인정한다는 건, 아주 쉽게 말하면, '안 되면 좀 어때!'라고 한마디 해주는 것이다. 설령 자기가 쓸모없고 멍청하더라도, 창피하고 못났더라도, 병이 있으며 눈치가 없고 약속에 매번 늦더라도, 불효만 일삼고 남에게 상처 주며 걸핏하면 울더라도, 저 녀석에 비해 뒤처져 있고 재미없어서 인기가 없더라도, 능력도 없고 겁이 많으며 나약하고 툭하면 화내더라도, 그런 자신이어도 말이다. '뭐, 이런 나라도 어쩔 수 없지'라며 '건설적으로 포기'한다.

자기긍정과 자기수용과 관련된 이야기에는 자주 '지금 이대로의 나로 충분하다'라는 표현이 등장한다. 그런데, '지금 이대로의 자신'이 어떤지 모르는 사람이 많으니 어리둥절하게 된다. '지금 이대로의 자신'이라고 하면 '쓸모 있고 훌륭한 부분'도 포함된다. 하지만 고민에 빠진 사람은 대개 자기를 부정하는 경우가 많아서 저와의 심리상담에서는 제일 먼저 자기에게 '쓸모없으면 뭐 어때'라고 말하기부터 시작한다.

그런데 그게 참 무섭다. 자기를 인정하는 데는 용기가 필요하니까. '쓸모없다는데 뭐가 좋다는 거야'라는 보통의 사고체계로 생각하니까. 안 그러면 애초에 '쓸모없다'라고 느끼지 않는다.

잘 한번 생각해보시기 바란다. '쓸모없다'라는 말에는 이를 판단하는 '기준'이 존재한다. '가치관'이라고도 한다. 어쩌면 이웃 회사에서는 필요 없을지도 모르고, 이직할 곳에서는 전혀 의미 없는 기준일 수도 있다. 이런 투의 사고방식은 시대착오적일지도 모르고, 외국인이 들으면 무슨 소리인가 할 수도 있다. 더욱이 그 '기준'은 당신이 제일 싫어하거나 혹은 제일 사랑하는 어머니와 아버지가 할머니와 할아버지 세대로부터 받아서 이어온 '○○가문의 기준'일지도 모른다.

그렇다면 '쓸모없는 나를 인정'하기란, 극히 한정되고 좁은 세상의 '기준'에서 벗어나서 그 밖의 모든 가능성을 인정한다는 뜻이 아닐까?

작은 '가치관' 밖에 있는 '무한의 선택지'를 얻는 게 아닐까?

그렇게 생각하셨으면 좋겠다.

그러면 '쓸모없는 나'를 조금은 인정할 수 있지 않을까?

'쓸모없다' 안에는 보물이 가득할 수도 있다.

'쓸모없는 나라도 뭐 어때'라고 입을 뗀 순간, '쓸모없다'가 확 뒤집혀서 '야, 굉장하다! 엄청 자유다! 진짜 즐겁다!'라고 말할 수 있는 사람이 될지도 모른다. 그러니까 '쓸모없지' 않다. 절대로.

나의 생활은 4년 전 직장을 그만두고부터 극적으로 변했다.

하지만 지금의 나는 예전의 내 모습과 비교하면 지나치게 훌륭할 정도로 '쓸모없는' 사람이다.

• 사회적 신용이 하나도 없다.

• 직장에 다니지 않는다.

• 모아둔 돈도 없다.

- 그런데도 맘껏 돈을 쓴다.

- 그런데도 생각나면 일한다.

- 뒹굴뒹굴 영화만 본다.

- 라멘집 순례에 빠져있다.

- 자주 대낮부터 술 마신다.

- 낮잠을 빼먹지 않는다.

- 목표다운 목표가 없다.

- 미래에 대한 전망도 없다.

세상에! 이렇게 적고 보니 쓸데없는 게 아니라 정말 훌륭한 '쓰레기' 같다.

하지만 덕분에 매일 웃으며 지낼 수 있게 되었다. 사람을 웃게 만드는 일로 먹고살 수 있게 되었다.

얼마 전까지만 해도 내 주변에는 마음에 드는 사람이 단 한 명도 없었다. 지하철 플랫폼에 설 때마다 '회사에 가기 싫어…' '한 걸음만 내디디면 편해지겠지'라고 생각하던 내가 있었다.

지금 가장 없는 건 '안정' 정도라고 생각한다. 하지만 안정되지 않기에 자유로울 수 있는 것이다.

그래서 쓸모없다는 건 그저 고정관념에 지나지 않는다.

어서 오시구려, '쓸모없는 나'의 세상으로. 결국, 쓸모 있을 테

사람을 끌어당기는
자기긍정의 힘

니까.

그렇다고 해서 여러분 모두 회사를 그만두라는 건 아니다.
직장에서 쓸모없어 보이는 나 자신에 수긍하고 '이 정도면 회사 밖에서 통하겠다'라고 느꼈고 마침 그만뒀을 뿐이다. 그러므로 당신도 지금 이대로, '쓸모없는 내가 어때서!'라고 소리 내어 말해보자. 그 한마디가 무한한 가능성을 가져다줄지도 모른다.

아직 받아들일 준비가 되지 않았더라도 '어쩌면 쓸모없는 것도 괜찮을지도'라는 이 한마디를 꼭 기억하자. 분명 당신의 인생에 도움이 되리라고 생각한다.
쓰다 보니 길어졌지만, 내가 전하고 싶은 말은 이것뿐이다.

이 책이 눈부실 정도로 반짝반짝하는 '지금 이대로의 진짜 당신'을 인정하는 데 조금이나마 도움이 되었기를.
그리고 앞으로의 당신 인생에 '탄탄대로'가 펼쳐지기를.

마지막까지 읽어주셔서 고맙습니다.

참고문헌

『일하기가 버거울 때 읽는 책(仕事がつらいと思ったら読む本)』(고코로야 진노스케(心屋仁之助) 지음, WAVVE출판) 외

고코로야 진노스케 씨가 들려주는 주옥같은 이야기들.

『지구가 천국이 되는 이야기(地球が天国にになる話)』(사이토 히토리(斎藤一人) 지음, 롱셀러 출판) 외

사이토 히토리 씨가 들려주는 수많은 이야기

『아들러식 일하는 방식: 일도 가정도 충실하고 싶은 아빠를 위한 책(アドラー式働き方改革仕事も家庭も充實させたいパパのための本)』(구마노 에이치(熊野英一) 지음, 쇼가쿠칸 크리에이티브)

『아들러 심리학 교과서(アドラー心理学教科書)』(노다 슌사쿠(野田俊作) 감수, 현대아들러심리학 연구회 편찬, 휴먼길드 출판사)

『당신의 '고민'이 점점 사라지는 24가지 방법(あなたの「悩み」がみるみる消える 24の方法)』(다나다 가쓰히코(棚田克彦) 지음, 다이와 출판)

『에릭 번의 교류분석(エリック・バーンの交流分析)』(이안 스튜어트(Ian Stewart) 지

음, 일본교류분석학회 번역, 지쓰노니혼샤)

『감정을 정리하는 아들러의 가르침(感情を整えるアドラーの教え)』(이와이 도시노리(岩井俊憲) 지음, 다이와쇼보)

『자기긍정감 교과서(自己肯定感の教科書)』(나카시마 테루(中島輝) 지음, SB크레이티브)

『싱크로 양: 단숨에 인생을 바꾸는 '10초 스위치' 법칙(シンクロちゃん――一瞬で人生を変える「10秒スイッチ」の法則)』(사토 유미코(佐藤由美子) 지음, 포레스트 출판)

『간호사를 위한 아들러식 용기내기: 의료커뮤니케이션(ナースのためのアドラー流勇気づけ医療コミュニケーション)』(우에타니 미레이(上谷実礼) 지음, 메디카 출판)

『관계의 품격 : 좋은 사람들이 모이는 7가지 법칙(人間関係境界線の上手な引き方)』(오노코로 신페이(おのころ 心平) 지음, 유나현 옮김, 비즈니스북스, 2018년 12월)

『이것으로 안심, 0~3세를 위한 해피 육아 어드바이스(3~6歳の これで安心 子育てハッピーアドバイス)』(아케하시 다이지(明橋大二) 지음, 이치만넨토 출판)

마음의 토대를 세워주는 자기긍정의 힘

얼마 전 우연히 술에 취한 한 취업준비생이 PC방에서 난동을 피우는 바람에 손님과 종업원이 다쳤다는 기사를 본 적이 있습니다. 우울증 증세도 있었고 '나만 불행한 것 같아서'라는 게 이유였습니다. 간혹 이렇게 '묻지마'라는 말로 시작하는 사건들을 알리는 기사를 접할 때면 우리 사회가 분노로 가득 차 있는 것 같아 무척 안타깝습니다.

이 책의 저자인 가토쌤은 왜 회사에 가기 싫은지, 자기 경험을 토대로 알기 쉽게 마치 곁에서 이야기하는 것처럼 들려주고 있습니다. 저도 직장생활 할 때는 일요일 저녁만 되면 괜스레 우울해지곤 했습니다. 돌이켜보면 업무가 힘에 부쳤을 수도 있고, 같은 부서 동료와 불편해서 그랬을지도 모릅니다. 어쩌면 상사가 강압적이다 보니 운신의 폭이 좁아서 답답했을 수도 있습니다. 당시에는 제 마음을 어루만지기보다 누구나 다 그렇다고 억누르며 하루하루를 지냈습니다. 그런데 가토쌤의 이야기를 우리말로 옮기다 보니 불현듯 옛 기억이 떠오르며 울컥하는 순간이 있었습니다. 만약 그때 가토쌤의 이야기를 접하고 제가 제게 씌웠던 고정관념의 정체를 알고 저를 있는 그대로 인정할 줄 아는 '자기긍정감'을 키웠다면 어땠을까, 하고 상상해 봅니다.

 앞서 신문기사를 소개했는데요. 사실 저는 그 취준생이 처한 현실을 알지 못합니다. 신문기사를 통해 대학입시에서 떨어졌고 취직도 되지 않았고 우울증을 앓았다는 것을 접했을 뿐입니다. 다만, 그가 겪고 있는 시간을 이미 보낸 사람으로서 얼마나 힘에 겨울지 충분히 이해합니다. 대학입시 실패라는 인생에서의 시련을 온몸으로 견뎌내며 한없이 작아지는 자신을 얼마나 비관했을까요? '난 안 돼' '난 쓸모없어'라며 자기를 부정하는 감정은 마음의 토대를 뒤흔들어버리며 자기에 대한 셀프이미지, 즉 고정관념이 되어 마음속에 자리 잡았을 겁니다. 이렇게 부정적인 고정관념 속에 하루는 자기를 탓했다가 다음 날은 부모를 탓했다가, 그렇게 무작정 억눌러왔던 감정이 그날 어떤 계기로 폭발한 건 아닐까, 감히 짐작해 봅니다.

만약 그가 이 책에서 말하는 것처럼, 스스로 처한 현실을 직시하고 그 속에 서 있는 자기를 있는 그대로 받아들이는 '자기긍정감'을 알고 조금씩 키워갔다면 어땠을까요? 잠시 자리에 앉아 깊이 호흡하며 자기 마음을 '괜찮아' 하고 토닥토닥하며 위로해줬더라면 갈 곳 없어 속으로 삭이던 분노를 조금은 해소할 수 있지 않았을까요?

우리는 지금 언택트 시대를 지나고 있습니다만, 인간은 사회적 동물이라고 했습니다. 이 책은 비록 회사를 예로 들고 있으나, 한 발 나아가 '나'를 둘러싼 환경과 인간관계가 마치 얽혀버린 실타래와 같을 때 어떻게 바라보고 풀어갈 것인가를 이야기합니다. 어찌할 바를 모를 때면 잠시 멈춰 서서 자기감정을 직시하고 한쪽으로 기운 마음을 자기긍정을 통해 바로 잡으라고 가토쌤은 조언합니다. 차근차근히 말이죠.

꼭 직장이 아니더라도 사랑하는 사람과 '나', 가족들과 '나', 친구들과 '나', 우리 집 반려견 토토와 '나' 등 '나'를 둘러싼 관계는 하나둘이 아닙니다. 오늘 하루 주변 사람들과 왠지 서먹하고 힘에 겨웠다면 이 책을 통해 가토쌤과 대화해 보세요. 그리고 자기 자신에게 '수고했어, 오늘도!'라고 토닥토닥 해주세요. 내일 아침에는 기울 뻔했던 마음의 토대가 제자리를 잡으며 '자기긍정감'도 한 뼘쯤 자라있을 겁니다.

2021년 1월
이정은

저자 소개

가토 다카유키(加藤隆行)

심리카운슬러. 1971년 나고야시 출생.

중증의 아토피로 병약했던 탓에 열등감이 강하고 커뮤니케이션을 힘들어하는 아이로 자랐다. 후쿠이 대학 대학원(박사 전기과정) 수료 후, 시스템 엔지니어로 NTT[1]에 입사했다. '남보다 세 배 노력'이라는 신념으로 업무를 완수해가며 승진을 거듭했지만, 서른 살에 건강이 매우 나빠졌고 결국 휴직하게 된다. 세 번의 휴직과 입원을 반복하며 점차 자신의 마음과 마주하게 된다. 종교, 영적인 세계, 뇌과학, 심리학 등 가리지 않고 접하다가 42세에 '인생은 즐겁고 멋진 것'임을 깨달았다. 2015년 퇴사 후, 심리카운슬러로 독립했다. 고코로야 학원(心屋塾, 마음의 집이라는 뜻-역자), 아들러 심리학, 인지행동요법, 명상 등을 조합한 독자적인 프로그램을 개발하여 심리상담과 세미나를 실시 중이다. 애칭은 '가토쌤(かとちゃん)'.

---

1 Nippon Telegraph and Telephone Corporation, 일본전신전화주식회사의 약칭. 우리나라의 KT와 유사

역자 소개

이정은

중앙대학교 무역학과 졸업 후 니혼대학 문리학부 국문학 과정을 수료하였다. 현재 번역 에이전시 엔터스코리아 출판기획 및 일본어 전문 번역가로 활동하고 있다.

주요 역서로는 『내가 나에게 하는 말이 내 삶이 된다』, 『스티브 잡스의 프레젠테이션 베스트 표현 50』, 『최고의 프레젠터가 되는 프레젠테이션 성공의 비밀』, 『똑똑해도 성공하지 못하는 나는 바보일까』, 『아침 5분 건강법』, 『치매의 싹을 뽑아내라』, 『내 몸을 살리는 영양소 가이드』, 『내 몸을 살리는 물 백과사전』, 『공부 잘하는 아이의 집』, 『지금 당장 써먹는 대화의 기술』, 『돈을 벌고 싶다면 숫자에 주목하라』, 『숫자센스로 일하라』, 『기획초보자가 알아야 할 85가지』, 『내 뇌 사용법』, 『웃음으로 질병을 이긴다』, 『백전백승 교섭기술』, 『오늘의 아프리카』, 『문제는 '숫자감각'으로 80% 해결된다』, 『30세가 되기 전 승부하라』, 『독과 약의 비밀』등 다수가 있다.

"KAISHAIKITAKUNAI"TO NAITEITA BOKUGA MUTEKININATTAWAKE

© TAKAYUKI KATO 2019
Originally published in Japan in 2019 by Shogakukan Creative Inc.,TOKYO,
Korean translation rights arranged with Shogakukan Creative Inc.,TOKYO,
through TOHAN CORPORATION, TOKYO, and Shinwon Agency Co., SEOUL.

초판1쇄 2021년 2월 25일 **지은이** 가토 다카유키 **옮김** 이은정 **펴낸이** 한효정 **편집교정** 김정민
기획 박자연, 강문희 **디자인** 화목, 구진희 **마케팅** 김수하 **펴낸곳** 도서출판 푸른향기 **출판등록**
2004년 9월 16일 제 320-2004-54호 **주소** 서울 영등포구 선유로 43가길 24 104-1002 (07210)
이메일 prunbook@naver.com **전화번호** 02-2671-5663 **팩스** 02-2671-5662
홈페이지 prunbook.com | facebook.com/prunbook | instagram.com/prunbook

ISBN 978-89-6782-132-6 03190
ⓒ 가토 다카유키, 2021, Printed in Korea

값 14,500원

이 도서의 국립중앙도서관 출판예정도서목록(CIP)은 서지정보유통지원시스템 홈페이지(http://seoji.
nl.go.kr)와 국가자료공동목록시스템(http://www.nl.go.kr/kolisnet)에서 이용하실 수 있습니다.